为自己的青春做主

高中生
生涯规划教程
第二版

杨开仁

余 俊

主编

华东师范大学出版社

·上海·

图书在版编目(CIP)数据

为自己的青春做主：高中生生涯规划教程/杨开仁，余俊
主编. —2 版. —上海：华东师范大学出版社，2022
ISBN 978 - 7 - 5760 - 3434 - 9

Ⅰ. ①为… Ⅱ. ①杨…②余… Ⅲ. ①高中生－学生生
活－教材 Ⅳ. ①G635.5

中国版本图书馆 CIP 数据核字(2022)第 224714 号

为自己的青春做主
高中生生涯规划教程（第二版）

主　　编　杨开仁　余　俊
责任编辑　刘　佳
责任校对　王丽平　时东明
装帧设计　卢晓红

出版发行　华东师范大学出版社
社　　址　上海市中山北路 3663 号　邮编 200062
网　　址　www. ecnupress. com. cn
电　　话　021 - 60821666　行政传真 021 - 62572105
客服电话　021 - 62865537　门市(邮购)电话 021 - 62869887
地　　址　上海市中山北路 3663 号华东师范大学校内先锋路口
网　　店　http://hdsdcbs. tmall. com

印 刷 者　上海昌鑫龙印务有限公司
开　　本　889 毫米×1194 毫米　1/16
印　　张　12
字　　数　260 千字
版　　次　2023 年 1 月第 1 版
印　　次　2023 年 1 月第 1 次
书　　号　ISBN 978 - 7 - 5760 - 3434 - 9
定　　价　48.00 元

出版人　王　焰

本书编委会

主　　编：杨开仁　余　俊

编写人员：李　妮　杨　倩　唐俊松　王　毅

张媛媛　程　凤　杨小川　闫榕榕

方立立　汪　倩　金　瑞　邱楠楠

目 录

第一篇

发现自我

第一节　性格探索

在远古时代的埃及流传着一个著名的极为复杂的谜语——斯芬克斯之谜。谜面是：什么动物早上四条腿走路，中午两条腿走路，晚上三条腿走路？

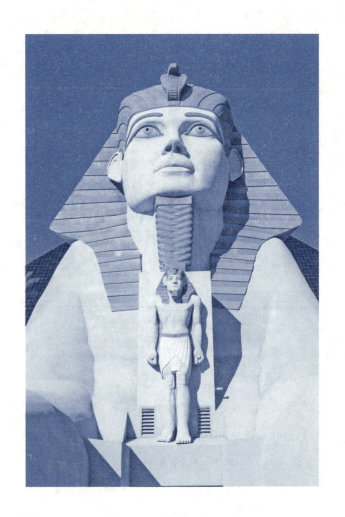

我们可以很轻松地回答出正确的谜底:"人。"因为我们听说过这个谜语,所以能够轻易地得出答案,可是古埃及时期许多人却为之困扰不已,只有当时最聪明的俄狄浦斯才知道答案。此谜语深刻地揭示出人的复杂性,因此,在雅典神庙门上有一句话:人啊,认识你自己! 今天,让我们一起开始认识自己的旅程吧。

我很自卑,因为我比不上别人

清晨,同学们陆续进校,校门口有老师和学生执勤。同学们进校看到老师时有礼貌地喊"老师早"。骑自行车的同学看到校门口一块"骑自行车请下车推行"的牌子,也自觉地推车进校。学校规定:超过7:35进校的学生为迟到者。7:35到了,此时一位学生骑着自行车目无一切、横冲直撞地进了校门。两位执勤学生直呼:"下车,下车!"那位同学置之不理,不仅不下车,相反越骑越快。两位执勤生在后面边喊边追,一直追到停车处才赶上他。他吼叫着:"别人也在校内骑车,你们不管,为什么偏偏管我?"劝说无效,两位执勤学生将他拉到老师跟前,老师还未开口,他就横眉怒目,强词夺理:"你们为什么要拉我,我又没有迟到,牌子?什么牌子,这么小的字谁看得清,我没看见。"这位学生是高一年级的小陈,由于小陈不接受劝告,不承认错误,事态扩大,闹到德育处。小陈又大闹德育处,折腾两节课才解决。小陈的班主任说:"小陈经常与别人发生争执,不是跟老师争,就是跟同学吵,差不多每周都有几次,他不相信别人,老是固执己见。"

小陈来心理辅导中心,自我倾诉:"我冷静时想想很孤独,我在学校没有朋友,同学都不喜欢我,要么不理睬我,要么刺激我,我被激怒后就不顾后果,非和别人争个明明白白不可,我不赢不罢休。"向同学了解情况,大家都讲小陈像一头狮子,一恼怒就暴跳如雷,并且从不承认自己有错,大家都不愿意和他交往,怕他没完没了地狡辩。

小陈的父母经常外出打工。老实巴交的父亲在外面常被人欺负,回家后又受到母亲的责怪、谩骂,家里充满了火药味,于是小陈幼小的心里就埋下了怀疑一切人的种子。读书上学后,他怕和父亲有同样的遭遇,所以对同学特别凶、特别好斗,三句话不对就和别人干仗,他认为只有自己才能保护自己。

小陈学习成绩优异,考入重点高中后父母让其住在外婆家。外婆家是个大家庭,除了外公外婆还有大舅、舅妈和表妹。表妹在读初中,是父母的掌上明珠,全家宠着、娇惯着,养成了表妹骄横、傲慢、自私的脾气。小陈和表妹发生矛盾的时候,全家人都叫小陈让着表妹,理由是哥哥要照顾妹妹。小陈不能接受,他大叫着发火:"我为什么要让着她? 明明是她错,还要责怪我,岂有此理!"接着人人数落他,小陈倍感委屈,寄人篱下的感觉让他产生了自卑。

时间一长,小陈的学习成绩直线下滑,内心矛盾重重,在学校看到其他同学有说有笑、非常开心的样子时,他既羡慕又嫉妒。他虽然平日总是独来独往,给人感觉个性孤僻且固执己见,但是内心深处却是非常渴望与人交往的,也很想成为同学们重视的人,但是自己又总做不到,成绩的下滑又导致内心矛盾冲突更加强烈,小陈十分痛苦。小陈说自己在家看书还能看几页,一到学校就心烦意乱,难以投入学习,时时感觉自己不如别人,不敢面对别人的目光,怕同学们瞧不起自己,嘲笑自己。为了掩饰自己内心的自卑,小陈处处争强好胜,当觉得自己受轻视时立即报以恶言与反击。

心理咨询老师感同身受地对小陈表达了自己对小陈的理解。首先,帮助小陈认识固执性格的表现和危害。小陈日常表现是自我评价过高,好胜心强,固执己见,多疑敏感,过分警惕,常采取过分的探察与防范措施,易嫉妒,好争辩,听不得批评意见,做错了事总是推诿于别人。具有这种性格的人,不仅人际关系紧张,使周围的人受不了,自己也很难过。此外,经常处于紧张、孤独、沮丧、愤怒和焦虑的状态,对身体健康也有很大危害。

其次,提高小陈的自我认识能力,帮助其正确、科学地认识自我和他人,让他明白每个人都有长处和短处,没有十全十美的人;要学会宽容,增进理解,人与人更多的是互相关心和互相帮助,遇到事情换个角度,从积极的角度去理解他人的言行,得到的就是友谊和欢乐。此外,还教给小陈一些心理调节的方法。

老师告诉小陈,人的愤怒情绪按其程度可分为九个梯级:

1. 不满,愿望不能满足产生反感;

2. 生气,可以从眼睛里看出愤怒的神色;

3. 愠,发出喃喃恨声;

4. 怒,公开表现对抗的态度;

5. 忿,面红耳赤,言辞急促;

6. 激忿,气急手抖,但内心还强行克制;

7. 大怒,恶言相骂,不能克制;

8. 暴怒,失去自制力,采取攻击行为,冲突危险逼近;

9. 狂怒,额头青筋暴起,眼珠突出,声音嘶哑,不顾一切发动攻击。

在第一、二梯级时还不一定发脾气,但已有发脾气的情绪基础,这时可以采用自我暗示方法,反复在心里对自己说"放轻松!""冷静!"并深呼吸几次,让情绪平静下来。若此时不能平静,而是向上升级,则立即离开现场,到外面走走,清醒清醒,让自己的激怒情绪调整后再回到情景现场,这时你的理智已占上风,避免争吵。

引导小陈领悟认识自我的重要意义。清楚每个人在完善自我的过程中都会经历这样或那样的心理历程。一粒种子诞生了,但它不知道自己是谁,活着的意义是什么,于是开始寻找答案。刚开始,它认为自己是鸭子,结果差点被淹死;然后,它认为自己是猴子,结果从柱子上摔下来。不知道自己是谁的种子,伤心地哭泣着。后来,花开的声音引导种子来到花园,它意外地发现自己是一粒可以开花的种子。找到自我的种子欣喜若狂,不再自我怀疑,不再感到自己卑微。最后,它激发了自己最高状态的潜能——开花。引导小陈反思,你想成为什么样的人?

因此,种子在变成花之前有一段寻找自己是谁的过程,其间遇到了挫折与困惑,而真正知道自己可以长成什么的时候,困惑没有了,唯有证明自己,展现自己的优势。由此看来,"自知之明"是每个人获取良好生命状态,展现自己生命价值的重要环节。

帮助小陈认识每个人的独特性及优缺点。小陈一直在"我怎么就不如别人"的叹息中煎熬。在日常学习生活中,我们经常关注的是这个人的成绩比我好,那个人的朋友比我多,张三的家庭条件好,李四的性格好,心态在一系列比较中失去了重心,那个比较的支点——自己也不知跑到哪里去了。请看一个同龄人的故事《像我》:美国中学生杜佩一直很羡慕同班同学比尔,为此模仿比尔的言行举止,结果发现比尔在模仿荷比,荷比在模仿约翰,约翰在模仿杰克,而杰克模仿的人居然是一直瞧不起自己、盲目模仿他人的杜佩他自己。分享故事后引导小陈分享自己的感受。每个人都有独特性,古人云:天生我材必有用。每个同学都可以找到自己让别人羡慕的地方,也可以找到自己需要改进之处。用一双冷静的慧眼来审视自己,在不断完善自己的过程中,可能还会产生挫折甚至卑微感,但全面认识自己之后的快乐、明确自己希望成长的样子的价值感是无可比拟的。

小陈须每天反省自己,是否有固执己见的地方,及时发现,及时调整纠正,定期请老师和同学督促、帮助。同时,请周围的人谅解小陈,一旦要爆发"战争",不与他对着干,避免激化他的敌视心理,采取冷却、降温的方法,待小陈头脑清醒时再向他解释、说明或指正。经过较长的一段时间,小陈在老师、同学、亲人的帮助、督促下,逐渐地改变性格,他不再是一头好斗的"狮子",而是具有良好性格的少年了。

性格理论

"性格"是个体内部的行为倾向,它具有整体性、结构性、持久稳定性等特点,是每个人特有的并且与生俱来的天性,可以对人外显的行为、态度提供统一的、内在的解释。古代印度有句谚语:播种行为,收获习惯;播种习惯,收获性格;播种性格,收获命运。说明塑造良好的性格将影响众生命运。尽管性格是早年形成的固定行为模式,在今后的性格发展中很难纠正,但不是说不可更改,因为性格是发展的,性格是可变的、可塑的。

MBTI(迈尔斯-布里格斯类型指标)测评软件可以帮助我们认清自己,知道我们是可以不断完善的。测试的目的是反映最真实的自己,而不是别人所期待的你。通过 MBTI 职业性格测试加之自身的分析,我们会大概了解自己的性格,这就为我们以后的学习、与人交往、选择职业奠定了基础。当然,完全地了解自我确实还有难度,每个人的性格也会随着时间、环境的变化而不断变化,唯有我们不断思考、不断改变、不断分析才能更准确地认识自己,才能知道自己到底想要过什么样的生活。因为职业和人格的最佳匹配能使我们成为更有重点、更有效的学习者,所以我们可以每天都去学习,并且喜欢我们所做的事情。

MBTI 理论认为一个人的个性可以从四个角度进行分析,用字母代表如下:

驱动力的来源:外向 E—内向 I;

接受信息的方式:感觉 S—直觉 N;

决策的方式:思维 T—情感 F;

对待不确定性的态度:知觉 P—判断 J。

外向(E)—内向(I)

外向—内向维度是区分个体个性最基本的维度,表示我们心理能量的获得途径和与外界相互作用的程度,即我们的注意力较多地指向于外部的客观环境还是内部的自我认知。外向型与内向型个体之间的区分并不像我们平时讲的"外向者健谈、内向者害羞"那么简单,具体可以从下列几个方面进行分析:

外向型(E)	内向型(I)
与他人相处时精力充沛	独处时精力充沛
行动先于思考	思考先于行动
喜欢边想边说出声	在心中思考问题
易于"读"和了解;随意地分享个人情况	更封闭,更愿意在经挑选的小群体中分享个人的情况
说的多于听的	听的比说的多
高度热情地社交	不把兴奋说出来
反应快,喜欢快节奏	仔细考虑后,才有所反应
重于广度而不是深度	喜欢深度而不是广度

感觉(S)——直觉(N)维度

我们每个人都在不断地接受着信息,这是我们跟上外界节拍的必要前提。但不同类型的个体接受信息的方式不同,这便有了感觉型与直觉型之别。感觉——直觉维度又称之为非理性维度或知觉维度,表示我们在收集信息时注意的指向。具体区别如下:

感觉型(S)	直觉型(N)
相信确定和有形的东西	相信灵感或推理
对概念和理论兴趣不大,除非它们有着实际的效用	对概念和理论感兴趣
重视现实性和常情	重视可能性和独创性
喜欢使用和琢磨已知的技能	喜欢学习新技能,但掌握之后很容易就厌倦了
留意具体的、特定的事物;进行细节描述	留意事物的整体概况、普遍规律及象征含义;用概括、隐喻等方式进行表述
循序渐进地讲述有关情况	跳跃性地展现事实
着眼于现实	着眼于未来,留意事物的变化趋势,惯于从长远角度看待事物

思维(T)—情感(F)维度

思维——情感维度又称为理性维度或判断维度。表示我们在作决定时采用什么系统,即作决定和下结论的方法,是客观的逻辑推理还是主观的情感和价值判断。仅看这个维度的名称,也许你会觉得,思维型的人是理性的,而情感型的人是非理性的,事实并非如此。两类人都有理性思考的成分,但作决定或下结论的主要依据不一样。具体区别如下:

思维型(T)	情感型(F)
退后一步思考,对问题进行客观的、非个人立场的分析	超前思考,考虑行为对他人的影响
重视符合逻辑、公正、公平的价值;一视同仁	重视同情与和睦;重视准则的例外性
被认为冷酷、麻木、漠不关心	被认为感情过多,缺少逻辑性,软弱
认为坦率比圆通更重要	认为圆通比坦率更重要
只有当情感符合逻辑时,才认为它可取	无论是否有意义,认为任何感情都可取
为"获取成就"所激励	为"获得欣赏"所激励
很自然地看到缺点,倾向于批评	惯于迎合他人,注重维护人脉资源

知觉(P)—判断(J)维度

知觉——判断维度用以描述个体的生活方式。即倾向于以一种较固定的方式生活(或作决定)还是以一种更自然的方式生活（或收集信息）。两者的具体区别如下：

知觉型（P）	判断型（J）
当各种选择都存在时，感到高兴	作了决定后最为高兴
有"玩的原则"：现在享受，然后再完成工作（如果有时间的话）	有"工作原则"：工作第一，玩其次（如果有时间的话）
随着新信息的获取，不断改变目标	建立目标，准时地完成
喜欢适应新情况	愿意知道将面对的情况
注重过程（重点在于如何完成工作）	注重结果（重点在于完成任务）
满足感来源于计划的开始	满足感来源于完成计划
认为时间是可更新的资源，而且最后期限也是可伸缩的	把时间看作有限的资源，认真地对待最后期限

这四个角度两两组合，可以组合成 16 种人格类型。实际上这 16 种类型又归于四个大类之中，在此我们将四个大类型筛选并总结如下：

SJ 型——忠诚的监护人

具有 SJ 偏爱的人的共性是有很强的责任心与事业心，他们忠诚，按时完成任务，推崇安全、礼仪、规则和服从，他们被一种服务于社会需要的强烈动机驱使。他们坚定，尊重权威、等级制度，持保守的价值观。他们充当着保护者、管理员、稳压器、监护人的角色。大约 50% 有 SJ 偏爱的人为政府部门及军事部门的职务所吸引，并且显现出卓越成就。其中在美国执政过的 41 位总统中的 20 位是具有 SJ 偏爱的人。例如：George Bush（乔治·布什）、Queen Elizabeth（伊丽莎白女王）、George Washington（乔治·华盛顿）等。

SP 型——天才的艺术家

有 SP 偏好的人有冒险精神，反应灵敏，在任何要求技巧性强的领域中游刃有余，他们常常被认为是活在危险边缘、喜欢寻找刺激的人。他们为行动、冲动和享受现在而活着：约有 60% 左右 SP 偏好的人喜欢艺术、娱乐、体育和文学，他们被称赞为天才的艺术家。

我们熟悉的歌星麦当娜、篮球魔术师约翰逊、音乐大师莫扎特等都是具有 SP 性格特点的例子，又如：Michael Jordan（迈克尔·乔丹）、Marilyn Monroe（玛丽莲·梦露）、Pablo Picasso（帕布洛·毕加索）等。

NT 型——科学家、思想家的摇篮

达尔文、牛顿、爱迪生、瓦特这些发明家、科学家你一定不陌生吧！

NT 偏爱的人有着天生的好奇心,喜欢梦想,有独创性、创造力、洞察力,有兴趣获得新知识,有极强的分析问题、解决问题的能力。他们是独立的、理性的、有能力的人。

人们称 NT 是思想家、科学家的摇篮,大多数 NT 类型的人喜欢物理、研究、管理、电脑、法律、金融、工程等理论性和技术性强的工作。如:Bill Gates(比尔·盖茨)、Albert Einstein(阿伯特·爱因斯坦)、Margaret Thatcher(玛格丽特·萨切尔)等。

NF 型——理想主义者

精神领袖 NF 偏爱的人在精神上有极强的哲理性,他们善于言辩、充满活力、有感染力、能影响他人的价值观并鼓舞其激情。他们帮助别人成长和进步,具有煽动性,被称为传播者和催化剂。

约 50% 有 NF 偏爱的人在教育界、文学界、宗教界、咨询界以及心理学、文学、美术和音乐等行业显示着他们的非凡成就。如:VLadimir Lenin(弗拉基米尔·列宁)、Oprah Winfrey(奥普拉·温弗尼)、Mohandas Gandhi(莫汉迪斯·甘地)等。

根据 MBTI 理论,每种个性类型均有相应的优点和缺点、适合的工作环境、适合的岗位特质。使用 MBTI 进行生涯自我认知的关键在于如何将我们的人格特点与职业特点进行结合。

认识自己的性格类型,可以让自己更好地了解自己,理解自己的行为特点,根据自己的特点学习和解决问题,但这并不意味着它可以成为约束你不做某事或不选择某物的借口。性格认识旨在帮助我们更好地了解自己行为特点,理解他人为何与自己不同。评价标准不止一个,人与环境的互动也很复杂,很难用某个标准来评价。例如有位学生一向觉得自己内向,待人不够热情,但他在同学的反馈中看到了"亲和""热情"这样的描述。该生在惊讶之余开始反思和重新审视自己,并和同学进行了沟通。他发现,其实自己并不像自己认为的那样内向与不热情,只是过于担心自己成为那样的人而已。明白了这一点,在和人打交道的时候轻松了很多,也有了更多的信心。

探究活动一

体验性活动　　签名

★ 请大家拿出一张空白纸，在纸上签下自己的名字。

★ 请换一只手，再次在纸上签下自己的名字。

★ 两次签名有什么不同的感受？请用几个词来形容一下。

教师总结：用常用的手签名，会感到"得心应手"，很自如；用另一只手签名时，就感到不习惯、别扭、费劲，而且还写得歪歪扭扭。不过我们发现自己也还是可以用这只手签名的。我们在其他事情上也是如此，天生有自己擅长的一面，也有自己不擅长的一面（就如同我们的右手、左手）。它们没有好坏或者对错之分。

对自己性格的了解，不要局限于借助 MBTI 或者其他的性格测评。我们身边有很多很好的资源来帮助我们认识自己。

探究活动二

怎样看待我们的性格

咨询老师：

我是高二(3)班的一名女生，性格内向、相貌普通的我并不太愿意和别人吐露心声，所以和别的同学也很少交流，可能班上的同学都很少注意到我的存在。但其实我的心里也有很多苦恼，认为自己平凡而普通，我感到十分自卑。

在班里我不是一个出众的学生，有的任课老师竟然叫不出我的名字。我太平凡了，不，应该说我太不出色了。虽然每天我也像其他同学一样上学、放学，可我总感觉自己是在做那些学习好的同学的陪读。有朝一日他们都考上大学了，我的历史使命也就完成了。每天浑浑噩噩地生活，我不知道自己的人生方向在哪里。我现在的生活很消极也很乏味，我觉得这样不好，但是我能怎么做呢？

大家针对个案交流讨论后回答下面的问题：

1. 这个同学这样看待自己对吗？我是否也有这样的认识？

2. 日常学习过程中，我是否也出现这样的想法？什么情况下才会有这样的想法？

3. 讨论怎么做、怎么看才能让自己的感受变得好一些。

探究活动三

探索性格　他人眼中的我

写下自己的五个特质，分别找同学、朋友、家人等熟悉自己的人，请他也列出你的五个特质。看看他们对你的认识与你对自己的看法有什么异同，并和他们讨论这些异同。

> "不识庐山真面目，只缘身在此山中。"我们眼中的"自己"，常和别人眼中的"自己"有一些甚至是很大的差距，陷于"自己"这个泥潭，一个人对自己的认识常常有限。希望大家能借助身边的资源来更好地弄清楚你是谁。

测一测你的性格

　　请如实地回答下面 60 个问题。在测验中请注意,所有题目的答案本身没有正确与错误之分,所以请不要猜测题目内容的要求,也不要去推敲答案的正确性。另外,答题要迅速,整个问卷限 10—20 分钟内完成,而且不能空题。下面各题均有三个选项,A 代表"是",B 代表"似是而非",C 代表"否",请在你选择的选项下打"√"。

序号	题目	选项		
		A	B	C
1	在大庭广众面前不好意思。			
2	对人一见如故。			
3	愿意一个人独处。			
4	好表现自己。			
5	与陌生人难打交道。			
6	开会时是否喜欢坐在被人注意的地方?			
7	遇到不愉快的事情,能抑制感情,不露声色。			
8	在众人面前能爽快地回答问题。			
9	不喜欢社交活动。			
10	愿意经常和朋友在一起。			
11	自己的想法不轻易告诉别人。			
12	只要认为是好东西就立即买下来。			
13	爱刨根问底。			
14	容易接受别人的意见。			
15	凡事很有主见。			
16	喜欢高谈阔论。			
17	休息时宁可一个人独坐也不愿同别人聊天。			
18	决定问题爽快。			

续　表

序号	题目	选项		
		A	B	C
19	遇到难题非弄懂不可。			
20	常常未等别人把话说完,就觉得自己已经懂了。			
21	不善和人辩论。			
22	遇到挫折不易丧气。			
23	时常因为自己的无能而沮丧。			
24	碰到高兴事极易喜形于色。			
25	常常对自己面临的选择犹豫不决。			
26	不太注意别人的事情。			
27	不好表现自己。			
28	好憧憬未来。			
29	容易羡慕别人的成绩。			
30	相信自己不比别人差。			
31	注意别人对自己的看法。			
32	不太注意外表。			
33	发现异常现象容易想入非非。			
34	即使有心事也很快遗忘。			
35	总是把家里收拾得干干净净。			
36	常常不知道自己把东西放在哪里了。			
37	做事很细心。			
38	对于别人的请求乐于帮助。			
39	十分注意自己的信用。			
40	热情来得快,消退得也快。			
41	信奉"不干则已,干则必成"。			
42	做事情更注重速度而不是质量。			
43	一本书可以反反复复看几遍。			
44	不习惯长时间读书。			
45	办事大多有计划。			
46	兴趣广泛而多变。			

续　表

序号	题目	选项		
		A	B	C
47	学习时易受外界干扰。			
48	开会时喜欢同人交头接耳。			
49	作业大多整洁、干净。			
50	答应别人的事情经常会忘记。			
51	一旦对人有看法不易改变。			
52	容易和人交朋友。			
53	不喜欢体育运动。			
54	对球赛尤为感兴趣。			
55	买东西前总要比较一番质量。			
56	不惧怕从来没做过的事情。			
57	遇到不愉快的事情可以生气很长时间。			
58	自己做错了事,容易承认和改正。			
59	常常担心自己会失败。			
60	容易原谅别人。			

记分与评价

　　凡单数题(1、3、5、7、9……)A 为 0 分,B 为 1 分,C 为 2 分;凡偶数题(2、4、6、8……)A 为 2 分,B 为 1 分,C 为 0 分。将你的得分相加,得出总分。

　　90 分以上,你是一个典型外向型性格的人;71—90 分,你是一个稍外向型性格的人;51—70 分,你是一个外向、内向混合型性格的人;31—50 分,你是一个稍内向型性格的人;30 分以下,你是一个典型内向型性格的人。

你的性格是：

了解自己的性格类型后，要在今后的学习和生活中发扬自己的性格优势，克服自己的性格劣势。

请你回答：

1. 在你学习与生活中表现比较稳定的性格优势有哪些？性格劣势有哪些？

2. 你打算如何克服性格劣势？

3. 你的好朋友有哪些性格优势和性格劣势？

4. 面对好友的性格优势和性格劣势，你的感受是什么？

好书推荐

1. 《天资差异》（〔美〕伊莎贝尔·布里格斯·迈尔斯，彼得·迈尔斯著；张荣建译）重庆出版社。

2. 《请理解我：凯尔西人格类型分析》（〔美〕大卫·凯尔西著；王甜甜译）中国城市出版社。

第二节　兴趣探索

　　在影片《三傻大闹宝莱坞》中，有一个无梦想的主人公——法兰。他从小到大都是被父母安排好的，上什么样的小学、中学、大学，找什么样的工作，甚至娶什么样的老婆，通通被安排好。所以法兰根本不知道自己未来到底该干什么。但他喜欢摄影，对动物非常感兴趣。只是一直以来盲目的学习和父母的要求，让他渐渐迷失自我。不知道自己该干什么，喜欢干什么。其实没有梦想的人只是被现实遮住了双眼，没有看到自己的内心。

莱俱在喝醉的时候问兰彻,我很喜欢工程学,但为什么排名总是在最后。兰彻说,你看看你手上的戒指比你的关节都多,这些戒指都是用来祈祷的,因为你心理充满对考试的恐惧,对来自家庭的压力的恐惧。一个对明天恐惧的人,怎么能安心过好今天?

在学校的咨询中,很多同学也有类似的困惑,自认为因为对学习不感兴趣,所以成绩不好。很多学生认为兴趣是最好的老师,不感兴趣反而成为了不努力的借口。

需要同学们思考:我们了解自己的兴趣吗? 我们感兴趣的到底是什么? 我们为此做了哪些努力? 这样梳理的目的是鉴别自己到底是懒还是对兴趣有错误的认知。

有些学生明确表示:我就是对学习不感兴趣。

请再次梳理自己:我了解自己吗? 感兴趣的是什么? 有哪些潜能和优势? 日常生活中遇到问题时情绪是否稳定? 希望通过高中三年的学习,成为什么样的人? ……澄清自己会让我们辨别出我们到底是懒还是给自己不学习找借口。

反过来说,如果我们真的对学习感兴趣,就不需要努力了吗? 很多时候我们需要打破头脑中的这个逻辑——只要我对这件事情感兴趣,哪怕不努力,也可以成功。

常见的咨询有以下几个方面的状态:

他不感兴趣,没考好;

他不感兴趣,没做好;

他不感兴趣,没有动力。

有时候学生的头脑中会存在这样几种错误思维:

★ 假如我对某件事情感兴趣,那么我不用付出努力就可以成功。

★ 我之所以没有动力,是因为我的兴趣不够。

★ 我一定要找一个和自己兴趣相匹配的专业,否则我的人生就是不幸的。

案例分析

高二男生,垂头丧气,无精打采,连续两次段考成绩大幅度下滑。

主诉:对什么都不感兴趣,有力不知道往哪里使。

教师引导学生思考以下五个问题,帮助学生澄清自己的困惑。

第一,既然兴趣对你这么重要,那么,你是怎么理解"兴趣"的定义的?

第二,假如你找到了你非常感兴趣的事情,那么,你的人生将是什么样的?

第三,在以往的生活中,有哪些时候是你兴趣得到充分满足,然后特别成功的? 是你的经历,还是白日梦?

第四,在以往的生活中,有哪些时候你虽然不感兴趣,但是你依然把事情完成得非常好?

第五,在以往的生活中,在哪些时候,你没有什么兴趣的概念,你是在靠别的东西支撑完成了那些事情?

仔细看一下这五句问话,这些问话都是为了澄清一些困惑,就像望闻问切一样。第一,既然兴趣对你这么重要,那么,你是怎么理解兴趣的定义的? 澄清的过程中我们可能会发现自己头脑中存在一些错误的认知,把这个认知调整了,学生就明白了自己的问题所在。

第二,需要引导学生思考:所谓的非常感兴趣的事情是凭自己的经验得出的,还是主观臆断。假如我们找到了非常感兴趣的事情,那么我们的人生将是什么样的? 我们得看看自己的内部对话,也就是自己个人的逻辑是否有错,有时候一个人的逻辑有可能是错的。

例如:如果我和这个老师关系好,那我的成绩可能就特别好。引导学生思考:有没有跟老师关系特别好的人呢? 有。那他的成绩呢? 很差。那看来这个逻辑是错的呀。

第三,在以往的生活中,有没有例外事件。哪些是你兴趣得到满足,然后特别成功的? 例如我对数学很感兴趣,然后我去上了数学补习班,在那个班上我是表现最好的,于是,每当要去上这个数学补习班,我这一天都很开心。

我们可以继续思考,是怎么找到这些感兴趣的事情的呢? 那个感兴趣的事情里一定也有你不感兴趣的东西,对那些东西你是怎么克服的? 就算你对上数学课很感兴趣,但是在整个上课过程中,也一定有不感兴趣的东西,这个时候是什么支撑你的? 我们会发现我们自己有平衡能力,也不全是兴趣在起作用。

在以往的生活中有哪些时候,我们虽然不感兴趣,但是依然把事情完成得非常好。例如:对现在的学习,很多学生讲自己不感兴趣。那我们要问:中考的那九门课都是你感兴趣的吗?(那个时候也没有啥兴趣的概念,我特别不愿意学物理。)那物理考试及格了吗?(及格了。)那个时候是怎么完成的?(因为那个时候考不好上不了好高中。)看来你是有自控力,也是有学习能力的。兴趣并不是唯一影响成功的因素。兴趣、能力、自控力、外界因素同样重要。

第四个问题,就是他本来的逻辑和概念是有偏差的,我们一步一步,引导学生通过反思、思考以及对以往经验的阐述,他就能看到事情的全貌。

在以往的生活中,有哪些时候你没有什么兴趣的概念,你是在靠别的东西支撑完成了该做的事情。其实就像我们刚才说的,除了兴趣的正向因素、负向因素之外,还有中性因素。什么叫中性因素呢? 就是跟兴趣、能力没有关系,它有可能是自身的一种需要,也可能是一种习惯的建立。就拿"你对吃饭感兴趣吗?"这个问题来说,你可能回答:"啊,无所谓了,饿了就得吃,到点就得吃。"也可能回答:"对吃饭特别感兴趣,是吃货。"但大多数的时候,你吃饭只是满足一种需要,就像我们现在必须要去上学一样,那只是一种需要。

作为高中生我们能写出与兴趣相关的职业生涯发展困惑有哪些吗?

我觉得很迷茫

（我觉得很迷茫,不知道将来做什么最好;我觉得什么事情都喜欢做,但是没有特别突出喜爱的事情,所以我不知道将来该发展哪方面,也不知道将什么作为自己的人生目标;我很喜欢艺术,可是一直以来好像又缺乏这方面的积淀,所以不知道怎么办才好……）

大家的困惑和目前青年学生关于职业生涯的困惑很吻合,大家存在的困惑是一致的。

① 不知道自己能干什么。

② 不知道自己想干什么。

③ 不知道自己适合干什么。

④ 不知道社会需要什么样的人。

⑤ 不了解自己所选专业未来的发展状况。

⑥ 不了解到哪里找工作。

⑦ 不知道现在该做什么。

⑧ 不知道是否应该考研、出国,还是择业。

困惑澄清

1. 在专业选择和志愿填报的时候，并不能只纯粹考虑兴趣因素，而忽略其他因素，比如能力等。

2. 兴趣并不一定就是完全的决定因素，所以不一定要以自己的兴趣点作为将来的职业发展方向，可以通过业余生活来满足自己的兴趣。

3. 兴趣广泛的同学需要花更多的时间来弄清楚自己可能最有潜力的发展方向。

4. 兴趣不明显的同学应该多参加各种活动，努力培养和发现自己的潜在兴趣。

5. 兴趣是会发展变化的。

探究活动一

我的岛屿计划

正是梅花盛开的春天，你刚好有七天的假期，你计划着前往远方一处新开发的岛屿群度假。旅行社向你宣传这个旅游点的特点："这是我们和当地旅游业合作开发的新线路，一共有六个各具特色、各具风情的岛屿，如果你时间许可，可以安排前往其中的三个岛屿，各停留几天，保证你能游遍岛上风光，乐不思蜀。"

你仔细浏览旅游手册上记载的这六个岛屿的特色：

岛屿 R	自然原始岛屿。岛上保留有原始森林，自然生态保持得很好，有各种各样的野生动物。岛上居民生活状态还相当原始，他们以手工见长，自己种植花果蔬菜、修缮房屋、打造器物、制作工具，喜欢户外运动。
岛屿 I	深思冥想岛屿。岛上人迹较少，建筑物多僻处一隅，平畴绿野，适合夜观星象。岛上有多处天文馆、科技博物馆以及科学图书馆等。岛上居民喜好观察、学习、探究、分析，崇尚和追求真知，常有机会和来自各地的哲学家、科学家、心理学家等交换心得。
岛屿 A	美丽浪漫的岛屿。岛上布满了美术馆、音乐厅，街头雕塑和街边艺人随处可见，弥漫着浓厚的艺术文化气息。当地的居民很有艺术、创新和直觉能力，他们保留了传统的舞蹈、音乐与绘画，许多文艺界的朋友都喜欢来这里找寻灵感。
岛屿 S	友善亲切的岛屿。岛上居民个性温和、十分友善、乐于助人，社区均自成一个个密切互动的服务网络，人们重视互助合作，重视教育，关怀他人，充满人文气息。
岛屿 E	显赫富庶的岛屿。岛上的居民善于企业经营和贸易，能言善道，以口才见长。岛上的经济高度发展，处处是高级饭店、俱乐部、高尔夫球场。来往者多是企业家、经理人、政治家、律师等，曾数次在这里召开财富论坛和其他行业巅峰会议。
岛屿 C	现代岛屿。岛上建筑十分现代化，是进步的都市形态，以完善的户政管理、地政管理、金融管理见长。岛民个性冷静保守，处事有条不紊，善于组织规划，细心高效。

假如你仅有七天难得的假期,你会考虑到哪三个岛屿度假呢? 你的优先选择是什么?

> **我的度假计划:**
>
> 选择 1:　　　　岛,因为:
>
> 选择 2:　　　　岛,因为:
>
> 选择 3:　　　　岛,因为:

然而,仔细想想,如果你有机会能影响政府的施政决策,致力于建设中国台湾,你会期待将台湾建设成一个怎样的岛屿呢? 或者你期待未来能在哪一个岛屿上工作和生活? 哪一个岛屿是你心中的桃花源? 你有三个优先选择:

> **我的生活计划:**
>
> 选择 1:　　　　岛,因为:
>
> 选择 2:　　　　岛,因为:
>
> 选择 3:　　　　岛,因为:

最后,想象你已年华老去,希望能找到一个最适合你度过退休生活的居所,以安享天年。哪一个岛屿最能吸引你? 你有三个优先选择可以安排你的退休计划:

> **我的退休计划:**
>
> 选择 1:　　　　岛,因为:
>
> 选择 2:　　　　岛,因为:
>
> 选择 3:　　　　岛,因为:

六边形中找挚友

这六个岛屿代表着六种典型的生涯兴趣类型，它们的相关位置就像是一个正六边形。看看你的同学或朋友之中，哪些人和你志同道合，可以一起去探险？哪些人可以和你一起开创新生活？哪些人可以预设大未来？

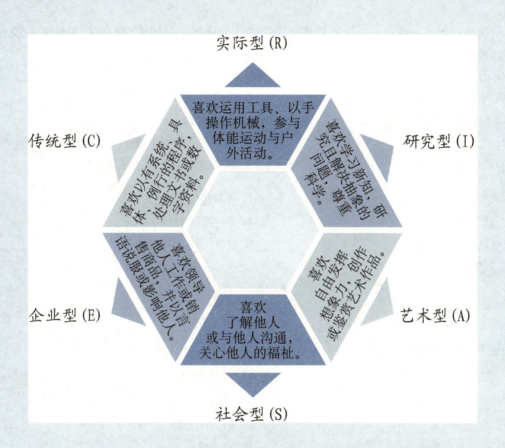

探究活动二

生涯兴趣类型分析

这里列出了一些有关生涯兴趣类型的叙述。想一想它们和你对自己的看法是否符合。请将所有符合你的叙述圈选出来。

R1 与动物有关的工作	R2 善用双手
R3 与机器有关的工作	R4 用机械的处理方式
R5 建造或修理东西	R6 良好的身体协调能力
R7 以行动解决问题	R8 准备在任何条件下工作

I1 好奇	I2 要求理性
I3 思考清晰	I4 喜欢数学和科学
I5 以思考解决问题	I6 独立
I7 不依惯例	

A1 良好的观察力	A2 敏感
A3 良好的自我表达能力	A4 有天赋
A5 喜欢处理事情的新方法	A6 喜欢美术/音乐/戏剧/写作
A7 有想象力和创造力	A8 喜欢变化

E1 喜欢说服和影响别人	E2 可能有抱负
E3 外向	E4 组织能力好
E5 喜欢有计划的工作	E6 有天赋
E7 热忱	E8 精力充沛

S1 喜欢与人有关的工作	S2 支援他人
S3 热心	S4 靠情感解决问题
S5 有责任感	S6 不怕情绪的问题
S7 有理解力	S8 喜欢成为团队的一分子

C1 喜欢与电脑有关的工作	C2 喜欢例行公事
C3 依循程序来解决问题	C4 可信赖
C5 有生意眼光	C6 准确
C7 注意细节	C8 喜欢清楚的方向

将每一类型的圈选数目记在下面的表格中。

实际型(R)的数目	
研究型(I)的数目	
艺术型(A)的数目	
社会型(S)的数目	
企业型(E)的数目	
传统型(C)的数目	

我的兴趣描述

根据上述生涯兴趣类型分析，你认为哪些类型最能描述你？（即分类结果显示了什么？）

> 我的类型分析：
>
> _____

根据"我的岛屿计划"和"探究活动二"的结果，你感觉哪个(些)生涯兴趣类型最能描述你？

> 自我分析：
>
> _____

你对自己的感觉与生涯兴趣类型分析所显示的结果相同吗？有哪些是相同的？哪些是不同的？

> 相同的是：
>
> 不同的是：

写下你认为对你最合适的生涯兴趣类型的描述。（借助卡片或运用你自己的感觉）

我眼中的自己：

进一步发掘自己

当你理清了自己的生涯兴趣类型之后，也许你会想要更进一步地了解自己的能力、人格特质等是否也符合你的兴趣类型。下面是一些协助你更加认识自己的方式，请一一检视你有多符合你的生涯兴趣类型。

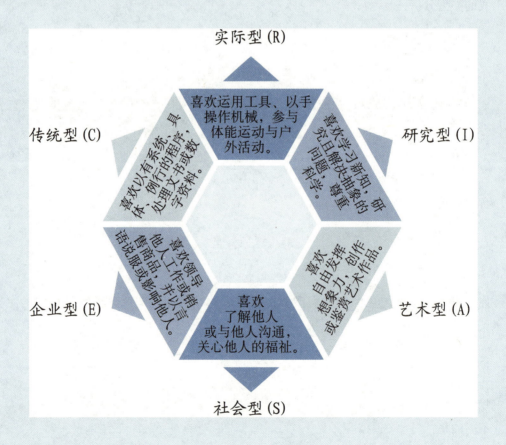

实际型（R）

如果你是一个"实际型"的人，你可能在下列叙述中认识自己。

你擅长并喜欢运用手与手指工作。

你喜欢用工具、物品、机器工作。

你有（或愿意培养）手工、机械、电子这些领域的技能。

使用身体技术时你会觉得比语文、思考或情感的活动快乐。

你可能具备其中一个或一个以上的能力：身体协调、体力、敏捷、逻辑。

你喜欢在户外。

你喜欢动物。

你被视为一个"脚踏实地"或"实事求是"型的人。

你喜欢以行动解决问题。

研究型（I）

假如你是"研究型"的人，你可能在下列叙述中认识自己。

你喜欢运用理性思考；好奇、勤学及独立。

你喜欢思考甚于行动。

你拥有数学、物理科学及生物学方面的技能，并想更加充实。

你有时被描述为知性的；有时被描述为不依循惯例的。

你喜欢以思考来解决问题，且常相信自己的理性和想法甚于其他的人和事。

你可能会喜欢科学或医学的工作。

艺术型（A）

如果你是"艺术型"的人，你可能在下列叙述中认识自己。

你喜欢逃离例行公事。

你拥有语言、美术、音乐、戏剧、写作技能，并想要更加充实。

你可能对事物不信任，但信赖自己的理智、身体和感觉。

你喜欢视觉、听觉、触觉上的美与变化，欣赏脱俗有趣的人。

你有时被形容为有点反抗的，或有点反社会的。

你有创意、敏感，并喜欢构思新方法来解决问题。

你喜欢可以尽情发挥你的创意技能和天赋的工作。

社会型(S)

如果你是"社会型"的人，你可能在下列叙述中认识自己。

你喜欢帮助别人，而且你友善、敏锐、乐于助人及有责任感。

你喜欢亲近人，并分担别人的困难。

你从维持团队良好合作中得到满足。

你有时被描述为真诚、圆融及善解人意的。

你喜欢别人信赖你的感觉，并观察别人的感觉来解决问题。

你喜欢从事与人接近的工作。

企业型(E)

如果你是一个"企业型"的人，你可能在下列叙述中认识自己。

你喜欢企划。

你喜欢领导及影响别人。

你外向、有精力、自信、热忱。

你拥有领导、激励和说服别人的技能，并想要更加充实。

你喜欢组织、管理、变化和地位。

你有时被描述为有抱负以及可能喜欢权利和金钱。

你喜欢有关推销或管理人的工作。

你喜欢冒险涉入自己及别人的情景以解决问题。

传统型(C)

如果你是"传统型"的人，你可能在下列叙述中充分地认识自己。

你喜欢组织良好并有清楚的程序。

你很仔细、条理分明、精确并很会注意细节。

你喜欢有纪律、清楚的目标、安全及明确。

你被描述为负责并可信赖的。

你可能有好的基本技能和计算能力，并想加强。

你喜欢组织事情，且可能想在大机构中工作。

你喜欢运用，并依循尝试、试验过的程序来解决问题。

你想要有关系统、操作电脑系统、文字处理的工作。

学校会组织所有学生统一进行"生涯兴趣量表"测评，结合自我的探索和量表的评估，看看和你自己的分析是否符合。

生涯兴趣测验结果：

自我探索的结果：

了解你的兴趣

Ⅰ. 愉快的生活经验

请回顾你最近一个月的生活点滴，回味你感受到的生活经验。请列举出 1—3 个，在发生之时或完成之后让你感受到相当程度喜悦或满意的生活事件。

A. ＿＿＿＿＿＿＿＿　　B. ＿＿＿＿＿＿＿＿　　C. ＿＿＿＿＿＿＿＿

Ⅱ. 喜欢的日常活动

当你不必上课时，你通常会从事哪些休闲活动呢？请列举出 1—3 个你平时所喜欢的休闲活动。

A. ＿＿＿＿＿＿＿＿　　B. ＿＿＿＿＿＿＿＿　　C. ＿＿＿＿＿＿＿＿

请在下面的线条中标出适当位置

```
资料  |_____|  思维
      5 4 3 2 1 0 1 2 3 4 5
人群  |_____|  事物
      5 4 3 2 1 0 1 2 3 4 5
```

人生兴趣坐标图

现在，请将"愉快的生活经验"和"喜欢的日常活动"两者的特性倾向综合起来，看看你在"生涯兴趣坐标"会坐落在哪一个象限上？

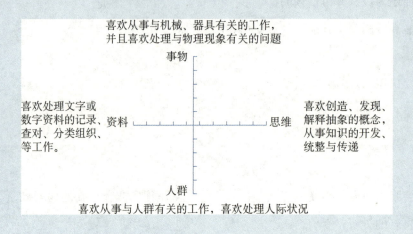

喜欢从事与机械、器具有关的工作，
并且喜欢处理与物理现象有关的问题

事物

喜欢处理文字或
数字资料的记录、资料
查对、分类组织、
等工作。

思维

喜欢创造、发现、
解释抽象的概念，
从事知识的开发、
统整与传递

人群

喜欢从事与人群有关的工作，喜欢处理人际状况

第三节 多元智能

我一点都不漂亮，可能你也一样；

我从未考过第一名，可能你也一样；

我唱歌走音，画画不及格，800米没达标，可能你也一样；

我曾经替朋友背黑锅，明明有机会解释，却没有胆量说明，可能你也一样；

我减肥从未成功，制订学习计划，无法坚持，可能你也一样；

但我今天仍未被生活打倒，可能你也一样。

我就是我，多么特别的我，是颜色不一样的烟火。

你知道这是哪一首歌曲吗?

也许你能对着这张五线谱,很快地把这首歌哼出来。

也许你看不出来,但是一听别的同学哼唱,立马就拍着脑袋说,我知道了,这是多么熟悉的旋律,随即就能跟着唱起来。

也许你听着大家开心地哼着旋律,却还是一头雾水,这到底是哪一首歌呢? 真是急坏了,直到大家告诉你:乐盲,这是家喻户晓的民歌《茉莉花》啊,你才恍然大悟,啊啊啊,原来是这首歌。

> "每个孩子都是一个潜在的天才儿童,只是经常表现为不同的形式。"
>
> ——霍华德·加德纳

一、多元智能理论

生活中,大家也许都有这样的体验或发现,有的人到了一个陌生的环境很快就能熟悉,外出旅游能很快找到方向,但有的人一到陌生环境马上找不着北,往返多次仍不知东西;有的人一看图纸很快就能明白,但有的人却一头雾水;有的人精打细算,但有的人明明被人找错了钱却没算出来,好像对数据永远也没法弄清楚;有的人说起话来似泉水叮咚,清晰流畅,但有的人却像茶壶里装饺子,有货倒不出。

这些现象说明了什么? 说明智能是多元的,人的素质千差万别,各有所长,各有所短。我们每个人的智能结构也都是独一无二的。

哈佛大学的心理学教授霍华德·加纳德教授发现了这一点,他认为人类的思维和认识世界的方式是多元的,至少存在八种思维方式,即:语言、音乐、空间、逻辑、运动、自然、内省、人际。每一种思维方式在人类认识世界和改造世界的过程中都发挥着巨大的作用,具有同等的重要性。每个人与生俱来都在某种程度上拥有多项技能,人类个体的不同在于所拥有的技能的程度和组合的不同。这就是多元智能理论。

二、多元智能与生活

这是我们学校一位老师的多元智能结构图。

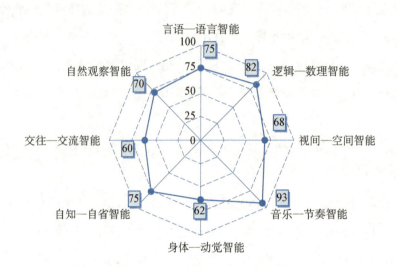

你能猜出这是哪一学科的老师吗?

这是一位喜欢唱歌的数学老师,你猜对了吗?

在这幅图中,我们可以看出,这位老师的智能分布总体比较均衡,其中音乐—节奏智能和逻辑—数理智能比较突出,是他的优势智能,而幸运的是作为一位数学老师,很显然,他的优势智能可以帮助他更好地从事自己的职业。

不同的学科,不同的活动,不同的场合,不同的工作,不同的职业,需要的优势智能各不相同。

律师、演说家、编辑、作家、记者等是几种特别需要语言智能的职业。数学家、税务人员、会计、统计学家、科学家、计算机软件研发人员等是几种特别需要逻辑—数理智能的职业。视觉—空间智能强的人比较适合从事向导、猎人、室内设计师、建筑师、摄影师、画家等职业。歌手、指挥、作曲家、乐队成员、音乐评论家、调琴师等是几种特别需要音乐—节奏智能的职业。演员、舞者、运动员、雕塑家、机械师等是几种特别需要身体—动觉智能的职业。交往—交流智能出众的人适合从事的职业有政治、心理辅导、公关、推销及行政等需要组织、联系、协调、领导、聚会等的工作。自知—自省智能强的人适合从事的职业有心理辅导、教师、神职等。而自然生态保育者、农夫、兽医、宠物店老板、生物学家、地质学家、天文学家等是几种特别适合自然观察智能强势者从事的职业。

因此,最佳智能结构必须是因人而异的,决不能生搬硬套,削足适履。如果不了解自己的特质,避其所长,扬其所短,就有可能事倍功半,无端地消磨掉许多年华岁月。我们要准确全面地了解和分析自己,作出正确的评估,然后,根据自己的特点,发挥优势,建立独具一格的智能结构,使自己的长处得到有效的发挥,这才是最根本的。

大家可以思考这样的问题：

1. 我在哪些方面比较突出或擅长？

2. 我忽视它了吗，我有没有充分发挥自己的优势？

3. 如果没有忽视，赶快行动，那很可能就是别人不可企及的聪明才智，那就是你独一无二的地方！

有些智能与生俱来，与遗传基因有关；有些智能是后天养成，兴趣使然：喜欢唱歌，歌喉不错，就要引吭高歌；喜欢跳舞，身材不错，就要淋漓尽致地发挥；喜欢交际，你就在群体中充分发挥公关协调能力，增强凝聚力。处处留心皆学问，处处留意皆人才，天生我材必有用！

大家可以结合你的《多元智能测评表》，看看你的优势智能是什么。

我身边的故事

换个战场，都是人才

小杨和小张从初中起，就加入了学校的足球队，虽然说在学科成绩方面，他们不是最优秀的，尤其是对逻辑—数理智能要求比较高的数学，虽然也花了大量的时间和精力，却起色不大，但是当他们踏上球场时，却以自己出众的身体运动智能，表现灵活，身手矫健，赢得了无数场的胜利。在全面发展的基础上，根据自己的优势智能，选择自己更加擅长的领域，就能事半功倍。

探究活动一

多元智能的组合，培养多元智能的活动实践

序号	智能类型	相关活动	你的参与及感想
1	言语—语言智能	讨论、辩论、写日记、研讨会、论文、作诗、讲故事、倾听、阅读	
2	音乐—节奏智能	演奏音乐、打节拍、唱歌、口哨、拍手、分析声音与音乐	
3	逻辑—数理智能	计算、实验、比较、数字游戏、使用证据、提出并验证假设、归纳与演绎推理	
4	视觉—空间智能	概念图、图、表、艺术方案、隐喻思考、视觉化、录像、幻灯、视觉呈现	
5	身体—动觉智能	角色扮演、舞蹈、体育活动、动手操作、手工展示、设计喜剧	
6	自知—自省智能	规划目标、日记、自我评价、执行决策、独立研究、记录感受、反思	
7	交往—交流智能	社区参与方案、讨论、合作学习、团体游戏、同伴指导、会议、社会活动、分享	
8	自然观察智能	访问生态园、环境研究、关心植物与动物、户外工作、寻找自然规律	

探究活动二

各出奇招

问题背景：好朋友误以为你向老师打小报告，说他周一早晨抄袭数学作业的事。他和你闹翻了，你们俩现在互不搭理，处于冷战状态，你如何解决这一问题？在解决的过程中是如何综合运用你的多元智能的？

拓展阅读一

一个低智商的成功经历

诺尔7岁那年，父亲哈洛德专门请专家测定了他的智商。专家告诉父亲，他的智商95，智力年龄低于生理年龄，智商100是人类的平均智力水平，因此他连普通人都不如。

母亲很为他的将来担心。父亲笑着说，一切皆有可能，譬如一个树根，可以用来烧火取暖，也可以做成根雕成为艺术品。如果我们精心培养，咱们的孩子将来说不定能进耶鲁大学。

他上小学时，成绩不太好，可是却梦想着能成为登上月球的宇航员。父亲直接告诉他，像你这样的人一辈子也成不了宇航员，因为宇航员的身体素质都是天生的。你只能做你能做又想做的事，并且把它做出名堂来就行了。至于成绩嘛，过得去就行了。

在父亲的指导下，他最终迷上了舞蹈，现代舞、拉丁舞样样精通。父亲见他热衷于跳舞，便鼓励他精益求精，不但要会跳，还要懂得创新。在中学的毕业舞会上，他的华尔兹舞犹如行云流水，他的探戈舞热情奔放，他的狐步舞急如旋风，他的斗牛舞火辣性感，让同学们看得眼花缭乱，纷纷拍手叫绝。

因为舞技出色，他被耶鲁大学特招入校，成了耶鲁大学的舞蹈队员。父亲高兴地对母亲说，你看咱的儿子虽说成绩不好，可是照样进了耶鲁大学，这就是"一切皆有可能"。父亲告诉他说：耶鲁不是普通的大学，它是美国总统的摇篮，历史上有 4 位总统毕业于耶鲁，这可是耶鲁创造的政坛奇迹。你在学校里要多交朋友，说不定将来你的同学中又会产生新的美国总统。

说来也巧，乔治·布什也在耶鲁大学就读，主修历史。父亲知道这一消息后，马上命令他放弃主修法律也改为主修历史。父亲对他说：你要赶紧与小布什交上朋友，进入他的核心朋友圈。小布什参加什么组织，你也跟着参加；他玩什么，你也跟着玩什么，步步紧跟，一步也不要落下。不要问我为什么，将来你就会明白的。

小布什参加了耶鲁大学的骷髅会这个秘密社团，其成员皆是美国的名门望族。骷髅会每年只招 15 人。父亲赶紧为他争取到一个入会的名额。他在骷髅会里与小布什几乎是形影相随，颇得其好感。最后他好歹耶鲁大学毕业了。

从耶鲁大学毕业后，他仍然跟小布什保持着亲密的关系，属于小布什的铁哥们，在小布什投资的公司担任管理者。因为业绩突出，他深受小布什信赖。父亲告诉他，布什家族是当今美国政坛最强势的家族，你只要攀住小布什这棵大树，将来肯定能吃到好果子的。

后来，小布什当上了美国总统，延续了布什王朝的传奇。伊拉克战争爆发后，萨达姆被推翻了，美国终于控制了中东的石油资源。在伊拉克重建期间，凭着和小布什的关系，他成立的公司获得了 4.07 亿美元的伊拉克投资合同，赚了个盆满钵溢，果然如父亲期望的那样成了人人羡慕的亿万富翁，一位智商低于常人的百万富翁。

诺尔对父亲说："我觉得作为一个商人，最重要的还是人脉资源，多个朋友多条路，条条大路通罗马。"父亲满意地笑了，他对诺尔说："一切皆有可能，就看你怎么去创造。你成功了，我也成功了！"

相信自己，一切皆有可能。只要我们努力，就能成就自己的梦想。因为低智商的诺尔成功了，非裔美国人奥巴马成功了，你也一定会成功的。

拓展阅读二

怎么拼都是哲理

一个月前,老师布置了拼图作业。今天,孩子们带来了自己的作品,老师将和孩子们一起分享他们的成果。老师让孩子们谈谈他们在做拼图作业时的体会和感受。

学生:我拼图的时候,先看一下包装上的图画,心中有一个轮廓,然后把外框拼好,再从外向内,这种方法拼得比较快。

老师:很好。认识一个问题从总的概貌入手,然后去了解细节,就像我们面对一个陌生的城市,要了解它,用一张地图,比一条街一条街去走要快得多。

学生:我拼了很长时间也拼不好,所以请爸爸妈妈和奶奶帮忙完成了拼图。

老师:很好。这就是一种团队合作。记住,如果你遇到自己一个人难以解决的问题,可以求助别人,大家共同完成。

学生:我最高兴的时刻就是把最后一片放进拼图的时候。

老师:很好。享受成功是一种非常愉悦的感觉。

学生:我面前是一大堆杂乱无章的拼图片,我根本找不到它们的规律,我试了很多次也无法拼出图案,心情很急躁、烦闷,干脆把它装起来,再也没有打开。

老师:很好。有时候放弃也是一种选择。

学生:我拼了一部分,拼不下去了,看着剩下的 200 多片,我再也不想拼了,不过我觉得包装纸上的图画很漂亮。

老师:很好。谁也不可能事事都成功,你没有亲手拼成,但你懂得去欣赏别人的成果,这也是一种迂回的成功。

可以看出,每一个孩子都在真实表达自己的喜悦、无奈、失望——而老师总能从孩子的经历中,找出值得他们在以后的生活中珍惜和体会的哲理。

这是加拿大埃德蒙顿一所小学的拼图课。

出自纯洁的愿望,即使没有成功,没有达到目的,也会带来很大的好处。

拓展阅读三

MIDAS 名称的由来

MIDAS 是多元智能发展测评系统的首字母缩写，但是同时它也蕴含着另一个寓意。

从前，有一个叫 MIDAS（迈达斯）的国王，他爱好享乐，种植了世界上第一个玫瑰园。他爱他的女儿，他也爱听金子碰撞时发出的声音。

一天，酒神和追随者从色雷斯出发去维奥蒂亚。酒神的老师森林之神不巧跟队伍走散了。他喝得醉醺醺的，躺在 MIDAS 的花园里酣然大睡。园丁发现了他，把他捆起来去见 MIDAS。他给 MIDAS 讲述有关大洋河彼岸的，与连成一片的欧罗巴、亚细亚或阿非利加完全脱离的一个大洲的奇妙的故事。大洲上坐落着神奇的城市，居住着身材高大、幸福而长寿的人民，拥有值得赞颂的法律制度。森林之神的故事使 MIDAS 听得欣喜若狂。他盛情款待森林之神五天五夜，然后派向导护送他回到酒神的大本营。

酒神一直在为他的老师担心。为了报答，他派人问 MIDAS 有什么要求，他应该怎样报答他。MIDAS 毫不迟疑地回答说："请恩准使我摸到的一切都变成金子。"然而，变成金子的不仅仅是石块、花朵和屋内的陈设。他坐下吃饭时，他吃的食物和喝的水也都变成了金子。他心爱的女儿也变成了金子。过了不久，MIDAS 恳求酒神使他从他那愿望中解脱出来，因为他饥渴交加，快死了。酒神逗弄 MIDAS，开心得很。他叫 MIDAS 前往帕克托罗斯河的源头，在河里洗个澡。MIDAS 依此法行事，立即解除了点金术，但帕克托罗斯河的沙子至今因含金而闪闪发光。

MIDAS 不是一个坏的国王，他只是爱这个世界和黄金。他匆忙许了一个愚蠢的愿望，认为所有的东西变成黄金后会更好而没有想到后果。如果我们只是希望自己的孩子都有很高的智商、分数，我们不是坏人，然而，如果我们不能挖掘头脑的潜力，知道它可能可以产生更好的智慧，结果也一样麻烦。

MIDAS 多元智能发展测评系统的目的是要开始一个新的"对话"，发现孩子的智能分布特点及状况，因为每个孩子都是独一无二的，每个孩子都能在报告中找到自己的强项所在，从而为孩子将来的择业找到适合的方向。

MIDAS 的日常运用

一、语言智能（Linguistic Intelligence）

活动表现：口语、阅读、写作、讲故事、作诗

学习技巧：写故事、做笔记、解释与教别人、制定提纲、列清单、用缩写

兴趣爱好：文字游戏、作诗、讲故事、写歌词、朗读

对应专业：文学、社会学、新闻学、教育学、外语、哲学

二、逻辑—数学智能（Logical-Mathematical Intelligence）

活动表现：计算、调查、解决问题、战略、逻辑

学习技巧：提问、分类、解释、分析、比较

兴趣爱好：国际象棋、猜谜、拼图、电脑

对应专业：计算机、经济学、工程学、会计、医学、化学、物理学、统计学

三、空间智能（Spatial Intelligence）

活动表现：地图阅读、艺术设计、工艺、机械

学习技巧：观察、思维导图、视图、彩色笔记、卡通绘画

兴趣爱好：涂鸦、摄影、造型、设计

对应专业：视觉设计、服装设计、建筑、工程、航空、地理、摄影、广告、平面设计

四、身体动觉智能（Bodily-Kinesthetic Intelligence）

活动表现：体育、舞蹈、手工艺、魔术、哑剧模仿

学习技巧：手势、表演、戏剧、做模型

兴趣爱好：摔跤、打球、魔术、杂技、舞蹈

对应专业：戏剧、舞蹈、健身、健身教育

五、音乐智能（Musical Intelligence）

活动表现：唱歌、演奏乐器

学习技巧：音律、节奏、歌唱、带兴趣唱歌、在音乐环境中学习

兴趣爱好：唱歌、打鼓、韵律、吹口哨

对应专业：乐队、声乐、作曲、合唱、乐团、指挥

六、人际智能（Interpersonal Intelligence）

活动表现：同情、领导、管理人际关系

学习技巧：小组学习、教学、角色扮演、讨论、学习倾听

兴趣爱好：团队游戏、体育、聊天、帮助、志愿者工作

对应专业：市场推广、公共关系、服务、销售、教育、商业管理、护理学、人力资源管理

七、自然认知智能（Naturalist Intelligence）

活动表现：了解动物、从事与植物相关的活动、科学知识使用

学习技巧：使用感官、观察和隐喻、建立活体模型

兴趣爱好：训练宠物、养鱼、户外活动、栽花种树

对应专业：生物学、生态学、园艺学、动物学、地质、海洋、农业、烹饪

八、自我认知智能（Intrapersonal Intelligence）

活动表现：个人了解、观点、判断、自主、目标

学习技巧：问自己为什么、对自己很重要、我现在知道什么

兴趣爱好：思考、调查、规划人生目标、写日记

对应专业：创意写作、哲学、心理学

第二篇

职业探索

第四节 谈领导力

谈领导力

每个学生都有潜力成为未来的领袖!

很多学生在被问到"你将来想做什么?"的时候,会有这样的答案:领导、企业家、CEO(首席执行官)、公务员……这些现象体现了大家追求卓越的美好愿望和信心,但你如果继续问学生:"你认为怎样才能成为一个好的领导者呢?"往往没有具体的答案。在学生眼中,"领导"可能是一种职务,是身份的象征,是地位的体现,也许拥有某种特权,小部分人甚至觉得当上领导是一种虚荣心的满足。

在很多西方国家,教育注重培养学生的综合能力,名牌高校的招生录取中不仅参考学生在高中阶段的各项考试分数,还需要提供学生在校期间的各项社会实践活动的证明,包括社区服务、社团活动等,主要考察学生社会责任感和领导力方面的表现,学生的个人领导力已成为部分优秀高中和大学审

核申请人素质的体现、决定是否录取的重要标准之一。许多社会组织开展了各种形式的有关中学生领导力的活动或竞赛，以此激发青年学生关注民族、关注国家、关注社会的热情。

中华民族伟大复兴的中国梦激起中国青年努力学习投身国家建设，那么中国的各领域领导人由谁来培养？这个问题让人听了热血沸腾，从事教育事业的相关人士开始关注我们国家未来领导人或领袖人物的培养问题，也认识到了领导力的培养对学生终身发展的重要意义。

在中国，学生在校期间可以通过很多不同的方式来开发和培养领导力，学校专门给学生设立了一些领导、管理的岗位。比如，共青团、学生会、年级部、班级等都设有学生干部岗位，参与其中对提高领导力都很有价值。然而，大多数学生凭借着满腔热忱和锻炼自己的想法参与到各项工作中去，却常常因为工作不得法、没有管理经验、不擅长人际交往等原因而陷入困惑，结果对自己的领导能力产生怀疑和挫败感，甚至对将来的职业生涯规划产生了影响。

我是一个失败的"领导者"吗？

9月，生机盎然的高中校园，迎来了新的一批高中新生，他们容光焕发，对校园的每一角落都充满好奇；他们略显激动，想让自己的每个细胞都早日融入高中的校园；他们蓄势待发，未来的三年将在这里尽情地挥洒青春。

运动场上"社团嘉年华"的活动正在如火如荼地进行，社团招新呐喊的口号此起彼伏，学长、学姐们的表演精彩非凡，让不少新生都跃跃欲试。就在这次招新中，小蒋和其他同学一起选择了自己心仪的社团——军事社。半年后，老社长退役，社员们推选了军事知识丰富的他做社长。

在班主任和家长的眼中，小蒋是一个懂事、勤奋、从不让人操心的好孩子。他从小到大各项学习成绩突出，性格沉稳，平时话不多，稍显内向。小蒋从小在父亲的影响下喜欢军事，看了很多军事理论书籍，关注世界各国军事动态，搜集了各方面的军事资料，家里也有各种各样的军事模型，平时和同学们在一起也喜欢谈论军事，同学们称他是"小小军事家"。

刚当上社长的时候，小蒋认真负责，任劳任怨，对自己的能力充满信心，什么事情都身先士卒，但仅仅担任社长职务半年，他就有一种干不下去了感觉。有一次社长培训会结束后小蒋找到学校德育处老师诉说了他的苦闷。他在上任后，每次都精心准备社团活动，把每次社团活动都当成了一次军事讲座，为了达到最佳效果，他自己购置了小蜜蜂扩音器、白板笔、军事挂图，把自己多年收藏的军事模型带到社团活动的现场。最初活动还很正常，久而久之，小蒋发现社团活动的气氛越来越沉闷，社员有的干脆写起了作业，小蒋自己也觉得很累，感觉自己一个人在唱独角戏，因为社团的管理都是他一个人在忙，一个人做课件，一个人准备电脑、音频、视频，一个人写社团工作计划……社团的领导工作甚至影响了小蒋的学习，并且他感觉所做的一切并不被社员们理解。

听了小蒋的诉说,老师对他的心情和遭遇十分理解,作为一名高中生,小蒋是品学兼优的好学生,但作为一个社团的管理者,一个学生组织的领袖,小蒋则对自己社长职能没有正确的理解,缺乏做领导者的管理经验,组织、协调能力欠缺。

中学校园里,像小蒋这样的学生干部并不少见,他们往往拥有较强的个人能力,学习突出,特长突出,然而当他们成为一个团队的核心时,却不懂得任务分配、团队协作,往往一个人挑大梁,不懂得凝聚一个团队的向心力,团队的力量没有得到发挥,最后十分努力反而落得"剃头挑子一头热"的局面。

在接下来的社团管理培训中,老师着重针对小蒋及类似的问题进行了专题培训,主题为"作为一名学生领袖,如何更好地组织开展一项活动"。

首先,要学会用书面的形式把这个活动描述得很清楚,撰写活动的初案,包括活动的意义和背景、阐述为什么要做、做了有什么特别的结果、活动涉及哪些群体和个人、需要哪些社会资源(包括物质资源和非物质资源)、计划和实施的步骤是什么……

其次,是找到一些和你志同道合的人,开展活动。对于社团活动来说,就是建立你的社团组织,这需要在你的同学或者伙伴中,物色你的得力助手,成立你的团队,确定这些人是否和你有同样的想法,因为他们即将是你的团队中的核心成员。

再者,团队成立后最迅速地集中并形成有效的活动计划,再开展活动,分为以下多个步骤:

A. 确定活动的时间、地点;

B. 讨论并确定活动内容及安排;

C. 获得学校、相关指导教师及涉及的单位和部门的支持;

D. 活动的宣传与预热;

E. 任务分解、分配;

F. 任务实施;

G. 活动效果的评估;

H. 活动资料的整理与留存。

一、"lead"——领导力理论

"领导力"是指在管辖的范围内,充分地利用人力和客观条件以最小的成本办成所需的事,提高整个团体的办事效率。管理学中有严格的学术观点,认为领导力是领袖引领、管理团队,实现共同目标的一种能力和影响力,这种影响力由诸多要素构成,是各方面技能和才智的综合体现。

北京大学领导力专家杨思卓教授在《六维领导力》一书中,提出了六力模型组合,他将领导力概括为六种能力：学习力、决断力、组织力、教导力、推行力和感召力。同时阐述了六力模型中，六力所构成的三条对角线的关系。

学习力(leaning)：领导人超速的成长能力；

决断力(determination)：领导人高瞻远瞩的能力的表现；

组织力(organization)：领导人选贤任能的能力的表现；

教导力(teaching)：领导人带队育人的能力；

推行力(implement)：领导人的超常的绩效；

感召力(influence)：更多地表现为领导人的人心所向的能力。

1. 学习力与教导力：学习力是指个人的知识与经验，是指一个人的智慧，如果能传授给其他人甚至更多的人，成为千百万人的智慧，便演化为教导力。优秀领导者拥有将自己的思想转化成大家共同的思想的能力，因此杨教授提出了"学习力乃是教导力之源，教导力乃是学习力之领悟"的观点。

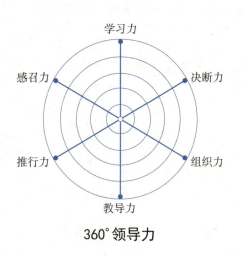

360°领导力

2. 决断力与推行力：领导者在团队中要拥有冷静的思维并做出正确的决策，有了正确的决策，接下来团队成员才可以进一步地推行领导者的决策；如果决策错误，推行下去只会错上加错。因此，决策力是推行力的前提，推行力是决策力的结果。

3. 组织力与感召力：管理的前提是要成立团队并管理团队，管理可以依靠规章制度来约束团队成员，但管理者的沟通能力、个人魅力对增强团队的凝聚力也十分重要，因此组织力与感召力也是相辅相成的。

领导者是处于组织核心地位的人，是带领团队努力实现愿景、目标的人，领导行为是个过程，作为优秀领导者，需要主动引导团队的发展，制定团队发展的战略目标并监督执行的过程，擅长授权与管理下属、沟通和协调各部门关系、从容应对突发事件并能够具有领导创新和组织变革的能力，而这些都是领导力的体现。

二、 中学生的领导力

领导力中的各项能力是跟年龄和职业有着密切关系的，作为中学生，这些能力应在发展中培养，需要有所准备和接受训练。社会的急剧变革，需要大量的多元化人才，要求当代的中学生不能只关注书本,而应具有开阔的视野,主动地去了解世界、关注民族、早日融入社会。从事教育事业相关人士开始关注卓越人才的培养问题,因为这些卓越人才将是中国未来各领域的领导人,在中学阶段培养学生的领导力,既是时代的需要,也是学生个人成长的需要。

美国高中生活对于学生来讲大概分成五个方面内容:学习、体育、社区服务、学生领导能力培训、个人的社交。

美国高中社区服务和学生领导能力培训有非常重要的地位,内容也十分丰富:

协会名称	内容介绍
纪律委员会(Citizenship Committee)	这个是纪律委员会,相当于中国学校学生会的纪检部。委员会对严重纪律犯规的学生进行讨论和处分。所以学生成员必须是在遵守校规、校章方面的榜样。在活动中每一个案例都需经过讨论和研究,而且处分都是真实的,所以学生成员在参与过程中会学到很多东西。
国际生俱乐部(Diversity Club)	国际生俱乐部,举办联谊、舞会、公益活动等多元化活动。
开学辅导(Junior Advocates)	通过辅导、咨询等形式,为8年级的学生提前适应升到9年级高中段作辅导和准备。
关键俱乐部(Key Club)	这个是全球性的组织,主要进行社区服务。
荣誉生社团(National Honor Society)	这个是美国全国性的学校组织,可以称其为"荣誉生社团"。
学长指导员(New Sophomore Mentors)	学长指导员帮助新入校的学生进行生活和学习上的前期适应,主要是针对国际生。
监督员(Proctors)	类似于中国学校的学生团支部书记或者班干部。主要是在学校里策划、组织学生活动,帮助其他学生并在学生中做出榜样。
宿管助理(Residential Assistant)	在宿舍里进行管理,配合老师,做生活方面的助手。
校园导游(Tour Guides)	学生校园导游。新生申请学校之前来看学校,招生办公室会安排学生导游给访客介绍学校校园并回答一些其他问题。

95%的领导力来自后天的培养和练习!

领导力课程起源于美国,由管理学大师詹姆斯·库泽斯和巴里·波斯纳创建,是过去30年全球最具影响力的经典课程之一。在中国,中学校园里也有很多种方式可以拓展学生的综合能力,启发和培养学生的领导力,有些是学校提供的学生干部岗位、社会实践活动岗位,有些则是学生自己观察社会、发挥自身主观能动性、自发开展的活动,学生们不再只是单纯地学习书本上的知识,而是以领导者、领袖的身份走出课堂,走进校园生活各个环节,争当校园小主人,主动参与社会,增加社会经验。

走进校园生活各个环节，争当校园小主人

1. 中学生团校——学生干部的成长摇篮

中学生团校对在校优秀的青年学生进行爱国主义、社会主义、集体主义教育，进行团的基本理论、基本知识和路线、方针、政策教育。在学习中培养青年学生用马列主义的立场、观点和方法正确地认识问题、分析问题和解决问题的能力，培养学生树立积极向上的健康的世界观、人生观、价值观。

中学生团校学员通常是各校选拔出来的思想端正、积极向上并且有进取心的学生干部、优秀典型，课程主要包括讲座、自学、讨论、写心得、社会实践等，培养出许多具有坚定共产主义、社会主义的理想和信念，善于思考，勇于创新，甘于奉献，具有较高理论修养和工作能力的青年团员和优秀团干部，增强了共青团组织的凝聚力和战斗力，使广大团员青年更好地在学校各项教育教学活动中成长成材。

2. 参加学生干部竞选——告诉自己"我能行"

在高中，学生干部包括学生会干部、共青团干部、班级委员会干部，都服务于全体中学生，这些岗位是锻炼学生领导力的平台。很多大学在自主招生中，都十分注重考查学生的表达能力、组织能力、实践能力，有过学生干部经历的学生在此方面有很大优势，很多同学在大学毕业应聘的时候还不敢跟面试官讲话，普遍缺乏这些方面的经验。

学生干部的竞选，是一种公平、公正的竞争方式，是综合能力展示的平台，有助于学生锻炼自己的演讲能力。能够大胆地站在众多学生、老师面前，展示自己，几分钟之内用自己的话语打动他们，为自己拉上一票，对学生的自信心、影响力都是很大的考验。

如果你竞选成功，成为学生干部，则在不断地组织活动、参与活动中进一步培养了自己的规划能力、组织管理能力，增强了为集体、同学服务的意识和责任心。如果竞选失败，我们不怕失败，要勇于总结自己的不足，继续努力，在学有余力时继续尝试。

3. 学生社团——"做自己想做的事"

社团现在已经普遍走进了中学，规模大的学校甚至有几十个学生社团，社团由学生自己组建、自我管理、自发开展活动，是丰富校园文化中的一面靓丽旗帜。

社团的种类十分丰富，有科技类、艺术类、体育类、公益类、生活类等，囊括了学生兴趣的各个方面，比如有的学生喜欢手工制作，他们将有相同爱好的同学召集在一起做各种各样的手工制品，之后展示、拍卖；有的同学喜欢推理，这个社团成立后大家就聚在一起玩推理游戏，组织"校园寻宝"等活动；有的同学热爱环保，这群人就组织在一起关心和维护校园环境，不断地向师生和家长发出环保倡议，并定期组织旧物回收等活动……

如果说你能自己组建一个社团，并能够担任社长，那么你在招募成员、设立组织机构、开展活动、日常管理中会不断感受到自己领导力的提升。

4. 校内公益活动——"校园内的公益事业"

校内公益活动主要指以学生为参与主体的公益性活动，包括校内公益劳动、志愿者活动以及各项捐资助学、慈善活动。

校内公益劳动的内容包括每日升降国旗、广播操、眼保健操的检查和评分，教室、环境卫生的打扫、检查和评分，迟到、早退的登记，学生行为规范的检查，校园卫生、校内公共场所卫生打扫等，其任务涵盖仪表、礼仪、纪律、习惯、卫生、劳动、管理、考勤等诸多方面，这正是实施素质教育实实在在的内容，也是从事爱国主义教育、集体主义教育、道德品质教育、劳动观念教育、卫生习惯培养、管理能力锻炼和班集体建设的良好时机。

在校园内，我们还可以自发地去参加一些志愿服务活动，看到离校和返校时，校园周边交通秩序繁忙、混乱，可以组成秩序维护小组，协助学校保卫和交警，指挥家长有序停车，帮助学生在公交车站有序排队；身边同学得了重病，自发组织捐款、捐物，并轮流为其补习等，这些都是培养学生责任心、爱心、服务力的途径。

同学们一定要积极参加校内公益活动，这样既培养了我们的人际交往能力、协作能力、组织能力和操作能力以及适应环境的能力，更培养了我们的参与意识、创新意识和勤于实践、勇于探索、精诚合作的精神。

5. "每个学生都是一座深藏不露的宝藏"——争做"学生讲堂"的主讲人

目前，中学里有"学生讲堂""非常大讲堂"这些面向全体师生的讲台，很多学校的学生们以小组为单位通过自己选题、备课、授课，主动走上讲台，为全校师生讲课。

讲座内容全部由学生来完成，让学生自己选择课题，由校学生会对选题进行筛选，只要是内容健康向上的话题就行。随后，学校对获选的学生进行面试，有能力站在讲台上完成授课的学生将获得主讲人资质，进行讲解。讲座每一到两周举行一次，面向全校学生，课题选择包罗万象，天文地理无所不讲，深受师生欢迎。

担任讲座的主讲人能够培养学生的自信心、演讲能力、影响力，在准备讲座的过程中也考验了学生的主动学习、探究能力和知识储备，让每一个参与其中的学生都得到了很好的锻炼。

6. 争做校园"小侦探"——参与校园管理和维护

学校是我们生活和学习的主要场所，当我们发现生活环境中的一些难以解决的问题时，请不要急于抱怨，而要动动脑筋想一想，我能做什么。

比如说学校里经常遇到的饮水器保洁、食堂拥堵、电梯分流、空调漏水等问题，同学们可以自发地成立小组，运用自己现有的学科知识，发挥老师、家长和社会的力量提出治理方案，协助学校解决问题。这些活动让学生们参与校园管理和维护，可以培养大家发现问题、解决问题和团结协作的能力，让学生在实践中既进行了学习又增加了集体荣誉感。

了解社会、参与社会，积累实践经验

1. 社区服务

有爱心、有责任心是一名优秀学生的基本素质，自觉地参加到志愿者活动与社区服务中是一名中学生的责任和义务，也是对中学生的综合素质评价的重要组成部分。

去养老院做义工，去社区帮扶孤寡老人和困难群众，去乡下小学送书、送教，去园林、苗圃植树等都是一些很有意义并且能够广泛参与的活动，除此之外，我们还可以报名参加一些大型活动，去做志愿者。

学生在参与活动的过程中一定要发自内心，有饱满的热情、善始善终、不怕苦、不怕累，这样才能在活动中得到锻炼，体现志愿服务的价值。

2. "读万卷书，行万里路"——研学旅行

研学旅行是由学校根据区域特色、学生年龄特点和各学科教学内容需要，组织学生通过集体旅行、集中食宿的方式走出校园，在与平常不同的生活中拓展视野、丰富知识，加深与自然和文化的亲近感，增加对集体生活方式和社会公共道德的体验，培养中小学生的自理能力、创新精神和实践能力。

目前，游学的线路涉及工业科技、历史文化、自然生态、红色记忆、农业体验游、军事夏令营等各个方面，时间也根据线路和学生的特点由一天到半个月不等，学生在游学过程将自己书本所学的知识，家长、老师言传身教的生活经验与实践相结合，在享受旅行的同时，增长见识，增加旅行中与同伴间的沟通和交流，培养学生团结互助、合作共赢的意识。所以研学旅行让学生在身体、心理、情操、品德等各方面得到发展。

3. 职业体验

每一个人都有自己的职业理想，很多同学到大学毕业才发现自己选错了专业，自己从小到大都想做的职业跟想象的并不一样，而到那时，想换一个职业，恐怕为时已晚。

高中生的寒暑假经常除了做作业，就是畅游在网络世界里，那么为什么不趁学生时代美好的假期，多进行几次简短的"职业体验"呢？这样既能尽快了解社会，又能对自己个人能力有很好的洞察和锻炼。

"职业体验"的方式有很多种，一是，我们可以去专门的职业体验中心；二是作为高中生，我们更可以以班级为单位或者成立一个小组，发掘和运用大家的家长资源、已毕业校友资源，通过短期

实习、访谈、参观等方式进行职业体验活动,体验过后,形成总结,这对我们今后的学习和生活都有很大帮助。

三、 学习成绩和领导力

美国青少年领导力开发的创新专家凯瑟琳·科说过:"领导力和学生学习就像两个焊接在一起的东西,不可分割。"

中国的学校和家长普遍关心学生在校期间的学习成绩问题,领导力的培养有助学习。原因很简单,学习和领导力都需要有创造力的思考过程,学生如果关注社会的焦点问题,比如环境污染、身体健康、社会保障等问题,那么他们会更积极主动地去探索、去参与。

从某种程度上说,领导力开发正是培养学生们一种主动学习、主动思考的能力,而这和中国教育界当下推崇的"以学生为中心"的教育模式十分契合。比如化学课的老师,他希望学生能将自己所学的学术知识和现实的应用结合在一起,给学生出了这么一道题——"怎样把社区的地沟油变成有机燃料"。这要求学生既懂得严密的方程式,能够把地沟油变成有机的燃烧用油,又懂得去和社区里的人打交道,前者需要学生去学化学,后者则要求他们去实地调研,并和普通民众沟通。

探究活动一

你的高中生活已经开始一段时间了，自己除了学习之外，都参加了哪些学校、班级管理的工作和社会实践活动？在此过程中收获了什么？还有什么不足的地方？在未来的高中生活中还想参与哪些活动？（请填写下列表格）

学段	（工作）活动的简要说明	收获	不足	理想中的情况
高一上				
高一下				
高二上				
高二下				
高三上				
高三下				

探究活动二

校园文化艺术节即将开幕，作为学生，你所期待的校园文化艺术节是怎样的呢？如果今年聘请你为艺术节的总策划，你会有什么样的想法和创新呢？请试着为今年的艺术节做份活动策划书吧。

" " 艺术节策划书			
艺术节目的			
艺术节主题			
艺术节机构设置（包括机构名称、职能介绍、人员安排）			
活动宣传			
	活动名称	活动简要介绍	实施步骤	参与对象
主要活动一				
主要活动二				
主要活动三				
艺术节总结、表彰			
艺术节各项活动保障（包含经费、设备、奖品等）			

探究活动三

　　一个人要获得成功或领导他人，就必须拥有良好的人际交往能力。如果你是一个班级、一个社团或者学生会的干部，请试着带领你和你的同学共同完成接下来的这个团体活动。

　　活动名称：岛屿求生

　　活动目的：沟通能力、沟通技巧的培养和团队协作精神的培养

　　活动准备：

1. 人员：分为四个小组，每小组 6—8 人。

2. 时间：20 分钟。

3. 场地：操场或空地。

4. 道具：眼罩；岛屿分布的标识；角色及任务说明书。

　　活动过程：

1. 介绍活动的目的和活动的主要内容。

2. 分组并介绍角色。

第一组：扮演健康岛上的居民，都是健康人；

第二组：扮演瞎子岛上的居民，能说但看不到；

第三组：扮演聋哑岛上的居民，能看到但不能说；

第四组：扮演人造渡船。

活动的目标是要将不健康的人转移到健康岛上去。

3. 分小组实施活动。

第一组（健康岛）

小组轮船失事，漂流到了健康岛，岛上成员必须完成以下两项任务：

任务一：

在岛上，居民们发现三个"土著人"陷入沼泽地，任务是"营救人"用"小竹排"顺利地把"土著人"救出。

规则：(1) 三人扮演"土著人"，三人扮演"营救人"，只有一个"营救人"和一个"土著人"会驾驶"小竹排"；

(2) 由于语言不通，"土著人"怀有敌意，因此在任务环节"营救人"必须多于土著人，才能避免被伤害；

(3) "小竹排"一次最多只能搭载两人。

任务二：

将"聋哑岛"和"瞎子岛"上的居民运送到健康岛。

第二组（聋哑岛）

轮船失事后，船员们漂流到了"聋哑岛"，因漂流疲劳，全体成员暂时"失声"，集体不能说话。

任务一：用三张报纸做两只救生船。

任务二：指导"瞎子岛"上的居民完成任务后，通过人造渡船引渡到"聋哑岛"，最后两个岛上的人一起到达"健康岛"。

第三组（瞎子岛）

轮船失事后，船员们漂流到了"瞎子岛"，因海水刺激，全体成员暂时"失明"，集体不能看见任何东西。

任务一：每个人在岛上寻找一棵治疗"失明"的仙人球。

任务二：每个人必须把小球扔进盒子里才能"复明"，搭乘"人造渡船"前往聋哑岛。

第四组（人造渡船）

用人体搭建人造渡船，运送三个岛屿的人员到达目的地。

规则：

(1) 不能登上岛屿；

(2) 不能对外说话，只能内部沟通。

所有的环节必须在 20 分钟之内完成。

在这个活动中，成员们可以充分地体会到各个部门、各个环节的相互配合和协作，理解沟通、团队合作精神十分重要。

补充练习一

你现在是一个领导者,还是一个跟随者?

序号	题　　目	否（0）	是（1）
1	别人拜托你帮忙,你很少拒绝吗?		
2	为了避免与人发生争执,即使你是对的,你也不愿发表意见吗?		
3	你遵守一般的法规吗?		
4	你经常向别人说抱歉吗?		
5	如果有人笑你身上的衣服,你会再穿它一次吗?		
6	你永远走在时髦的前列吗?		
7	你曾经穿那种好看却不舒服的衣服吗?		
8	开车或坐车时,你曾经咒骂别的驾驶者吗?		
9	你对反应较慢的人没有耐心吗?		
10	你经常对人发誓吗?		
11	你经常让对方觉得不如你或比你差劲吗?		
12	你曾经大力批评电视上的言论吗?		
13	如果请的工人没有做好,你会反映吗?		
14	你惯于坦白自己的想法,而不考虑后果吗?		
15	你是个不轻易忍受别人的人吗?		
16	与人争论时,你总爱争赢吗?		
17	你总是让别人替你做重要的事吗?		
18	你喜欢将钱投资在财富上,而胜过于个人成长吗?		
19	你故意在穿着上吸引他人的注意吗?		
20	你不喜欢标新立异吗?		

总计得分:＿＿＿＿＿＿

测试说明

评分标准：回答"是"得1分，回答"否"得0分。

分数为14—20：是个标准的跟随者，不适合领导别人。喜欢被动地听人指挥。在紧急的情况下，多半不会主动出头带领群众，但很愿意跟大家配合。

分数为7—13：你是个介于领导者和跟随者之间的人。你可以随时带头，或指挥别人该怎么做。不过，因为你的个性不够积极，冲劲不足，所以常常是扮演跟随者的角色。

分数为6以下：是个天生的领导者。个性很强，不愿接受别人的指挥。喜欢使唤别人，如果别人不愿听从的话，你就会变得很叛逆，不肯轻易服从别人。

补充练习二

领导者成功测试

序号	题　目	是	否
1	你是否确定了具体的职业目标？		
2	你是否制订了某一时期内实现目标的职业计划？		
3	你是否有更高的愿望？		
4	你的愿望是否切实可行？是否与你的能力相符？		
5	你随时准备去冒险，不怕犯错误和失败吗？		
6	你将重新安排工作吗？		
7	你忠实地为你的团队负责吗？		
8	你坚信能使自己幸运吗？		
9	你是否为在工作中取得最好的成绩努力工作？		
10	你是否知道和了解你的团队的发展目标（这是成功的真正关键）？		
11	在你任职期间，你是否为团队取得了几项成就？		

序号	题　目	是	否
12	你是否充分发挥了你的才能?		
13	你是否在培养(或使用)你的社交能力?		
14	你的工作是否使你很出众?		
15	你是否享有诚实、正直、可靠三者之一的声誉?		
16	你的消息灵通吗?		
17	你是否为实现你的职业目标而制定步骤?		
18	你是否是第一个提出将影响团队发展的积极或消极因素的领导者?		
19	你是否从其他人的成功和失败,尤其是典型事例中,吸取经验教训?		

测试说明

0—3 个"否": 是一个领导者!

可能已经获得成功,或者正在走向成功,喜欢你所做的一切,因而正在做正确的事情或致力于把工作做得更好。

4—7 个"否": 陷于麻烦!

①你应花费时间去检查一下你的生活和工作目标。(你想从你的生活和工作中得到什么东西?)②你目前的职务、作用和责任是什么?(你是否喜欢你所做的事情,并把它做好?)③你所做的工作达到了什么程度?(你的努力是否达到了你的个人目标。)

8 个以上"否": 你不适合做领导。

中国古代有这样一则寓言

鲁国的单父县缺少县长,国君请孔子推荐一个学生,孔子推荐了巫马期,他上任后十分努力与勤奋,披星戴月,废寝忘食,兢兢业业工作了一年。结果使单父县大治! 不过,巫马期却因为劳累过度病倒了。此时,国君又来请孔子再推荐一个人。于是,孔子推荐了另一个学生宓子贱。

子贱弹着琴、唱着小曲就到了单父县,他到任后就在自己的官署后院建了一个琴台,终日鸣琴,身不下堂,日子过得是有滋有味,有情有调,很滋润。一年下来单父县依然大治。后来,巫马期很想和子贱交流一下工作心得,于是他找到了宓子贱。

宓子贱是一个不到三十岁的小伙子,有着健康的身体和充沛的精力。在他的面前,巫马期感觉到了一定的压力。但作为师兄弟,大家还是开始谈话。

两个人的谈话是从寒暄客套开始的,不过很快就进入了正题。巫马期带着崇拜的眼神,羡慕地握着子贱的手说:"你比我强,你有个好身体啊,前途无量! 看来我要被自己的病耽误了。"子贱听完巫马期的话,摇摇头说:"我们的差别不在身体,而在于工作方法。你做工作靠的是自己的努力,可是事业那么大,事情那么多,个人力量毕竟有限,努力的结果只能是勉强支撑,最终伤害自己的身体;而我用的方法是调动能人给自己做工作,事业越大可调动的人就越多,调动的能人越多事业就越大,于是工作越做越轻松。"

看了这个故事后,你觉得你更倾向于他们中的哪一个呢? 同样是做好一件事,作为一个领导者,巫马期凭借的是自己的勤奋,但最后耗尽了心血;而宓子贱凭借的是他灵活的思维和出众的领导力,将所有的人和事充分调动起来,完成了目标,也树立了威信。所以,领导者可以不必特别擅长某些专业领域的工作,关键能调动那些专业人士为自己工作。

第五节 职业观念

提起职业,很多同学会认为这是离我们非常远的一件事情,起码在现阶段,我们还不需要为职业做些什么。如果你也是这么想的,快来看看下面两个真实的故事吧。

华语乐坛回避不掉的人物

周杰伦这样评价方文山:"没有方文山,我的歌不会这么成功。"确实,作为华语歌坛最优秀的词作人之一,方文山的歌词充满画面感,文字剪接宛如电影场景般跳跃,在传统歌词创作的领域中独树一帜。但是你知道吗,他曾经只是一个送外卖的小哥。

电子专业毕业的方文山，理想却是做一个优秀的电影编剧，为了圆自己的编剧梦，他在台北苦苦打拼，做过防盗器材的推销员，还曾帮别人送过外卖、送过报纸，做过中介、安装管线工等工作，但他从未放弃过自己的梦想，当时台湾地区电影行业的整体滑坡让他看不到希望和出路，他开始调整自己，发挥自己文学方面的特长，把目光放在歌词创作上，希望能通过创作歌词这个渠道进入自己喜欢的电影圈。他把大量的时间花在了创作歌词上，并且从自己的作品中选出比较满意的 100 首集结成册，把这些册子给当时几个最红的歌手和制作人看。

长久的坚持换来了回报，直到有一天他接到吴宗宪的电话，同时吴宗宪还签下了一位会弹钢琴的小伙子，他就是周杰伦。被吴宗宪发掘后，方文山正式进入华语流行音乐界，和周杰伦结成黄金搭档，被广泛接受和认可，真正地成为了"华语乐坛回避不掉的人物"。

寻找适合自己的那块"土地"

小夏今年 32 岁，现在的她和爱人在合肥的一个电脑城三楼有了自己的商铺，主要经营电脑配件和电脑耗材，店面虽小，可是货品满满当当，店铺里每天都是人头攒动，电话也是此起彼伏，生意很红火，可是谁能想象十年前的她带着生物教育本科毕业证书走出师范大学的时候是多么迷茫无助。小夏大学毕业后考取了县城的教师编制，被分到了一所乡镇中学教初中生物，这是一所比较偏远的乡镇中学，学生很少，小夏被分在初一年级，总共就 4 个班，每个班只有 20 多个人，尽管条件很艰苦，但是小夏不在乎。

工作了几个月后，小夏却发现学校里的一些现象让自己很泄气，因为是乡镇中学，并且历年来也没有很好的升学率，自然生源也不会太好，学校的老师大多数都很懈怠，更谈不上开展教研活动，"上课一本书，从头开始读"这样的教学方式很普遍，而小夏的认真教学在学校成了异类，同事们不理解，学生们不配合，每天混日子般的生活让小夏失去了毕业时的踌躇满志，她觉得自己快要窒息了，如果不能适应这种生活，那就必须改变。做了一年半的生物教师后，小夏辞去了自己的工作，这让很多人不理解，因为谁会放弃稳定的教师编制呢？但是小夏心里明白，自己需要的是什么，一成不变的甚至呆板陈旧的生活方式会磨灭自己的意志。辞职后的小夏想自己创业，迎接生活的挑战，这可能会有艰辛和磨砺，但是会在磨砺后找到最适合自己的那片土地。

由于每个人的职业价值观不同，因而才有个体之间对于职业的不同选择，职业价值观决定了人们的职业期望，影响着人们对职业方向和职业目标的选择，决定着人们就业后的工作态度和劳动绩效水平，从而决定了人们的职业发展情况。哪个职业好？哪个岗位适合自己？

从事某一项具体工作的目的是什么？这些问题都是职业价值观的具体表现。上面的两个故事都涉及职业观。什么是职业观呢？职业观是指人们对某一特定职业的根本看法与态度，以及对职业目标的追求和向往。理想、信念、世界观对于职业的影响都集中体现在职业价值观上。个人的职业价值观和单位的职业价值观也会存在差异，所以小夏不能适应原来的刻板的工作环境，而选择了自主创业。因此，我们不仅要了解自己的职业价值观，还要了解不同企业不同单位的职业价值观。以求个人与就业单位职业价值观相匹配，提高职业幸福感。

一、你想了解自己的职业价值观吗？

我们在为自己做职业生涯规划之前，一定要清楚和明确自己的职业价值观。职业价值观决定了哪些因素对你是重要的，哪些是不重要的；哪些是你优先考虑和选择的，哪些不是。

（一）职业价值观大抉择

咱们来做个游戏吧！请同学们在下面的"职业观测试表"中，按照自己的喜好程度从 1—15 进行排序。

编号	项目	工作的意义和目的	我的排序
1	利他主义	提供机会为大众谋福利。	
2	美的追求	致力于使这个世界更美好。	
3	创造发明	喜欢与众不同，喜欢创新。	
4	智力激发	提供独立思考、学习和分析事理的机会。	
5	独立自主	以自己的方式和步调来进行，不受太多限制。	
6	成就满足	能看到努力工作的具体成就，并因此获得精神上的满足。	
7	威望地位	提高个人身份或者名望，受到他人的推崇或者尊敬。	
8	管理权力	赋予个人策划工作、分配工作及管理下属的权力。	
9	经济报酬	获得优厚报酬，使有能力购置想要的东西。	
10	安全稳定	提供安定生活的保障，即使经济不景气也不受影响。	
11	工作环境	能在良好舒适的环境下工作。	
12	上司关系	能与主管平等且融洽相处，获得赏识。	

续 表

编号	项目	工作的意义和目的	我的排序
13	同事关系	能与志同道合的伙伴一起愉快地工作。	
14	多样变化	工作内容富于变化,不枯燥。	
15	生活方式	能选择理想的生活方式。	

找出排在最前面的五项,填写在下面的表格里,并和同学们讨论,找出自己较为理想的职业,并说说你为什么觉得这五项很重要。

排序	我的职业价值观	理想的相关职业
1		
2		
3		
4		
5		

(二) 价值观与职业类型对应表

职业专家通过大量的调查,从人们的理想、信念和世界观角度把职业分为六大类:自由型、自我满足型、支配型、自我实现型、志愿型、技术型。

职业价值观	特点	适宜从事的相应职业
自由型	不受别人指使,不愿受人干涉,希望充分展示本领。	室内装饰专家、摄影师、音乐教师、作家、演员、记者、诗人、作曲家、编剧、雕刻家、漫画家
自我满足型	优越感很强,很渴望有社会地位和荣誉,希望受众人尊敬。	记账员、核算员、会计、银行出纳、法庭速记员、成本估算员、税务员、打字员、办公室职员、计算机操作员、统计员、秘书
支配型	迫切希望指挥别人的行为,对他人的想法关注较少,侧重于自己目标的实现,且因此感到无比快乐。	推销员、进货员、商品批发员、旅馆经理、饭店经理、广告宣传员、调度员、律师、政治家、零售商
自我实现型	不心系平常的幸福,一心一意想发挥个性,追求真理,不考虑收入、地位及他人对自己的看法,尽力挖掘自己的潜能施展自己的本领,并视此为有意义的生活。	气象学家、生物学家、天文学家、药剂师、动物学家、化学家、科学报刊编辑、地质学家、植物学家、物理学家、数学家、实验员、科研人员、科技工作者

续　表

职业价值观	特点	适宜从事的相应职业
志愿型	富于同情心，把他人的痛苦视为自己的痛苦，不愿做表面上哗众取宠的事，把默默地帮助别人视为无比快乐。	社会学家、福利机构工作者、导游、社会工作者、社会科学教师、护士
技术型	认为立足社会的根本在一技之长，靠技术吃饭既可靠又稳当，因此钻研一门技术。	木匠、农民、工程师、飞机机械师、自动化技师、野生动物专家、机械工、电工、司机、机械制图员等

　　职业价值观是一个复杂的多维度的心理因素，对职业的选择和衡量需要多种要素的参与，但各要素起的作用是不同的。从当前的实际来看，许多调查显示，求职者的职业价值观越来越重视发展因素，而对收入因素和声望因素的重视程度则因人而异，差别较大。

二、 我们的职业价值观会发生改变吗?

　　个人职业价值观有一个形成过程，它是随着知识的增长和生活经验的积累而逐步确立起来的。个人的职业价值观一旦确立，便具有相对的稳定性，形成一定的价值取向和行为定势，是不易改变的。但就社会和群体而言，由于人员的更替和环境的变化，社会或群体的价值观念又是不断变化着的。因此，同一个人的职业价值观会受到以下几个因素的影响。

(一) 个体认知

　　著名主持人张越高中时代的梦想是当一名作家，然而大学却在首都师范大学里学习如何教中文。在她看来，这是非常矛盾非常荒唐可笑的，大学四年于她，别扭之极，她甚至想到了退学。可是命运却与她小小地开了一个玩笑：当她第一次站在讲台讲课的时候，她感到了语言的飞速流泻，她感到了思想倾泻的快乐：自己该是个多么好的教师啊！于是，张越快乐地当起了中学语文老师。而张越走上主持人舞台，是偶然的、也是必然的结果。

　　在做教师的闲暇时间里，凭着扎实的文学功底和创作欲望，张越开始为电视剧写剧本，还参与了一些电视节目的策划。或许是无心插柳，但是这些尝试不仅开阔了她的视野，而且极大地丰富了她的"触电"经验，为日后的成功跳槽主持人这个行业奠定了良好的基础。有一次，她参与了一个名叫《美梦成真》节目的幕后策划，来报名的大多数女孩子梦想是当明星、歌星、模特，可节目不能总围绕着这三个"梦想"打转，于是，制片人强烈希望寻找一位有个性的嘉宾，张越半开玩笑的一句话——"我想当白案厨子"，为她的主持人事业拉开了序幕。她还十分认真地当了一天的厨师,认真地学了一天如何做菜,认真地站在镜头前表达感受。她面对镜头的老练不由得使制片人谢清开始琢磨:张越还挺适合当主持人啊。就这样,张越成为了一名节目主持人。

张越从想当作家到快乐地当老师再到成为著名主持人的经历恰恰是她个体认知不断发展的过程。

(二) 家庭环境

1. 个人职业价值观受到家庭环境的影响

研究人员发现父母的职业价值观会对孩子职业价值观产生影响。在家庭生活中,父母给孩子灌输了何种工作理念,会影响孩子们对自己将来工作的看法。尤其是父亲对孩子的工作理念影响很深,如果父亲是以谋生为导向的工作者,那么孩子也更倾向于寻找以谋生为导向的工作。母亲对孩子的工作理念也有影响,研究发现,小时候与母亲非常亲近的孩子,长大后不愿意简单地将工作当作谋生或谋取社会地位的手段。尤其是如果父母双方都是以奉献为导向的工作者,他们的孩子也会成为以奉献为导向的工作者,他们的孩子会更有信心忽略社会压力,坚定地追求自己的梦想。

小宇今年 18 岁,是一名高三应届毕业生,在今年的高考中,他成绩优异,超一本线 30 多分,但在填报志愿时,他放弃了填报合肥工业大学的土木工程专业,选择了安徽医科大学的高等护理专业,身边的朋友、同学都对他的选择感到意外,认为一个男孩子理所当然地要选择工科专业,护理专业应该是女孩子的选择。对于为什么选择这个专业,小宇却有自己的看法,原来,小宇的妈妈就是安徽医科大学第一附属医院的一名护士长,她工作努力敬业,对病人关爱有加,小宇从小耳濡目染,被妈妈这种无私奉献的精神感动,于是,小小的他内心就产生了这样的愿望——成为像妈妈那样无私奉献、不计得失的人。所以在填报志愿时,他义无反顾地放弃了工科专业,选择了护理专业。

小宇的职业价值观属于典型的奉献型职业价值观,这与他母亲所从事的职业,以及母亲所具有的职业价值观是息息相关的。

国内教育就业调查公司麦可思的调查研究发现,来自不同家庭的大学毕业生在自主创业方面存在着差异。据他们调查,大学毕业生创业受其家庭的企业家文化影响较大,2008 届大学毕业生中,来自"私营企业主""企业经理人""个体工商户"等家庭的毕业生的自主创业比例最高。由此可见家庭因素的潜在影响。

2. 个人职业选择受到家庭环境的影响

热播的电视剧《辣妈正传》中的女主角夏冰本来是一位时尚的职业女性,从公司前台做到总编助理。正当夏冰在事业上做得风生水起时,她的家庭生活发生了巨大变化:女儿出生,婆婆得了老年痴呆症,丈夫的公司破产。

万般无奈下,夏冰选择了放弃工作,回归家庭。虽然心中万分不舍,但是,夏冰认为这个时候家庭更需要她,她也渐渐适应了家庭生活,当家庭生活安顿好后,夏冰再次重返职场,事业、家庭双丰收。

家庭环境会影响个人的职业选择,所以我们在做职业选择的时候要平衡好家庭与个人职业追求的关系。

(三) 社会环境

社会的不断发展和进步会对个人的职业价值观产生影响。

中国教育学会教育统计与测量分会理事长冯伯麟研究发现,20 世纪 80 年代青年人选择职业最重要的标准几乎都是为了满足"自我实现需要"的发展因素。进入 21 世纪,人们的择业观有了很大的改变,这一改变反映了中国社会体制改革所带来的人们观念上的变化。由于社会竞争加剧,住房难、就业难等一系列问题迫使人们必须高度重视"经济报酬""福利待遇"等保障性因素。大学生村官职业价值观的一个突出特点就是重"实利"而轻"虚名"。

他们放弃了都市的繁华,以"天之骄子"的身份到农村工作,希望在农村开创一番事业,在满足自身物质需求的同时,实现职业理想。

李欢欢是蚌埠学院 2009 级经济管理系的学生,她报名参加了大学生村官考试。对农村,李欢欢说她是再熟悉不过了,因为那是她的家乡。作为一个从大山里走出来的孩子,把学到的东西运用在家乡的建设上,为自己的乡亲服务,帮助他们改善生活条件,对她来说是一件令人激动的事。开始父母不太同意她再回去,妈妈说:"咱好不容易才脱离农村,你看别的考出去的人都是往城里跑,你怎么还想不开要回来啊。"她对父母说,三年的农村经历肯定会让她在经验和能力上有所增长,对她的人生是一次提升。就是以后不再继续在这个岗位上做下去了,"村官"这个选择,对今后的择业也有好处,对考研、考公务员都有好处,国家的优惠政策让她没有后顾之忧。父母现在已经转变态度,都支持她了。她相信她年轻的生命一定会怒放在村庄里。

长期以来人才似乎只有从农村到城市的单向流动。现在国家鼓励大学毕业生当"村官",并且制定了一系列优惠政策吸引大学生当"村官",解决了大学毕业生回村当官的后顾之忧,让他们冲破身份、城乡、地域等阻碍人才流通的高墙,奔向广大基层农村。社会环境的变化和发展也在影响着个人的职业价值观。大学生"村官"是在解决"三农"问题,构建社会主义新农村的形势下应运而生的,而国家对"大学生村官"政策的推进、深化也对大学生职业价值观产生了巨大的影响。

(四) 传统职业价值观

我国传统文化博大精深,历史悠久,传统文化对个人职业价值观影响深远。例如"学而优则仕"等传统文化观念至今仍对当代青年学生有广泛的影响。在一次调查中，64.8%的大学生选择了党政机关、教育科研单位、医疗卫生和金融机构。

2010年成都春季特大型人才招聘会暨高校毕业生供需洽谈会出现了一种现象——宁愿当低工资的"白领"，不愿干高工资的"蓝领"。"当服务员好让人笑话哦，我不愿意。""我读了4年书，让我当服务员，肯定不干。"尽管大学生们梦想着有一份高薪水的工作，但是，在面临是要高工资还是要"白领"身份时，大多数的大学生选择了"白领"身份。一名王姓同学说，父母花几万元

供自己读了4年大学，如果毕业后干的是服务员，不但对不起父母，也会遭到同学和亲戚的嘲笑。大学生们普遍认为，尽管服务员目前工资高，但是没有发展前途，而文员等公司底层工作则有可能由于自身表现好得到提升。

对于大学生们这样的理解，一位餐饮企业的招聘主管说，他们需要的并不是一般意义上端茶倒水的服务员，而是能为客人提供营养餐搭配等高端服务的职员，这样的员工不但要具备服务员的专业技能，还要具有医学、营养学等专业知识。这位负责人提醒求职中的大学生，不要片面理解职位的意思，更不应该存在"身份歧视"。

三、 企业价值观与个人价值观的关系与匹配

科技以人为本。（诺基亚）

让我们做得更好！（飞利浦）

温暖亲情，金龙鱼的大家庭。（金龙鱼）

……

这些都是我们耳熟能详的广告语，大多数的企业广告语都浓缩精炼，都体现了企业的宗旨和服务理念，让人过目不忘，也在很大程度上折射了企业的核心价值观。

（一）企业的价值观是什么

企业价值观，是指企业在追求经营成功过程中所推崇的基本信念和奉行的目标，是企业全体或多数员工一致赞同的关于企业意义的终极判断。这里所说的价值是一种主观的、可选择的关系范畴。

一事物是否具有价值,不仅取决于它对什么人有意义,而且还取决于谁在作判断。不同的人很可能做出完全不同的判断。

企业的价值观分别可称为"致富价值观""利润价值观""服务价值观""育人价值观"。如一个把创新作为本位价值的企业,当利润、效率与创新发生矛盾时,它会自然地选择后者,使利润、效率让位。同样,另一些企业可能认为企业的价值在于致富,企业的价值在于利润,企业的价值在于服务,企业的价值在于育人。当然,这样的定义只是侧重企业更多追求的某个方面而言的。例如:致富价值观的企业更多的关注企业的最终发展和结果,把企业的最终目标放在使企业的规模更大和实力更强上;而利润价值观的企业更注重企业的盈利,把积累财富作为最终的目标;服务价值观的企业会更多关注企业在社会的价值体现,以及自身为社会作出的贡献上;而育人价值观的企业关注员工的发展,在培养员工上加大物力财力的投入力度。根据企业价值观评测系统分类的企业价值观共有四种类型,它们分别是:创新类、规则类、人本类、个性类。

1. 创新类价值观

从创新类价值观的角度来看,很多 IT 企业都属于这个类型。

世界 500 强企业——华为,创业初期,华为面对国外的强大竞争对手,技术相对落后,生存受到了极大的挑战。公司意识到没有创新,就不能生存下去。所以,一开始它就把重点锁定在通信核心网络技术的研究与开发上。他们把利润全部投入到升级换代产品的研究开发中,形成了自己的核心技术。

鼓励创新的同时更要坚持对创新人才的培养,华为也非常重视对研发人才的投入和积累,华为员工总数的 48％被公司投放到研发部门。为激发员工技术创新的积极性,华为出台了"多阶段奖励政策"等一系列专利创新鼓励办法,保证发明人全流程地关注其专利申请,每项重大专利可获得 3 万元至 20 万元的奖励。华为已经在国内外设了多个技术研发点。通过跨文化团队合作,不仅实施了全球同步研发战略,也为华为输入了大量的高质量研发人才。持之以恒的技术研发为华为取得技术优势和产品核心竞争力奠定了坚实的基础。

华为公司在企业发展的过程中,更多地考虑了创新的作用,而对于大多数 IT 行业来说,也做出了

相同的选择,因为 IT 行业的更新速度之快、发展平台之大,都需要技术和人才的创新。

2. 规则类价值观

电器产业的龙头——海尔公司的管理发展经历了三个平台,第一个管理平台是包括"十三条"管理规则的最基础的管理内容。随着企业的发展,海尔努力构筑了以强化质量管理为内容的第二个平台,形成了全方位动态优化管理,即"日清日高"的 OEC 管理法。由

于严格而科学的管理,海尔创造了产品质量的"零缺陷",用户使用的"零抱怨、零投诉、零距离"服务。

规则类价值观企业注重的是企业的规章制度的完成度,这些制度保证和促进了企业的发展,而企业视制度为最高标准,为企业的发展保驾护航。

3. 人本类价值观

海尔集团在成长过程中,形成了它独特的文化。张瑞敏总裁用简单的话对海尔文化做了概括:"我认为,企业文化就是一种企业的价值观。我们海尔的企业文化就是营造一种氛围,这个氛围是指,把个人奋斗同企业发展结合起来,你在实现个人价值的同时,也实现了企业的价值。"这个目标使海尔的发展与海尔员工个人的价值追求完美地结合在一起,每一位海尔员工将在实现海尔世界名牌大目标的过程中,充分实现个人的价值与追求。海尔文化不但得到国内专家和舆论的高度评价,还被美国哈佛大学等世界著名学府收入 MBA 案例库。

海尔的这种理念就是人本类价值观的体现,他坚持"以人为本",并且注重企业员工的个体发展和成长,在此基础上,企业会因为成员个体的发展而实现自身的价值。

4. 个性类价值观

新东方英语培训可以说创造了一个奇迹,它的独特教育方式让更多的人爱上了英语,而就其作为一个企业来说,它的身上集中体现了企业具有的个性类价值观。正如俞敏洪说的:"新东方没有什么神奇之处,我们只是要求老师更加理解学生,知道学生想听什么,并且以恰当的方式把知识传授给学生。中国的传统教学讲究一板一眼,新东方喜欢活蹦乱跳;中国的传统教学以老师为中心,新东方以学生为中心。新东方有一句话:只有一堂让你自己感动的课,才能感动你的学生。而激情是打动人心的最重要的因素。励志就是那些让人听了热血沸腾的语言、故事和格言使学生从痛苦、失败和沮丧中振作起来,使他们感到生命开始充满力量,产生想冲向和拥抱整个世界的感受。幽默是在授课的过程中让学生感到老师的语言生动活泼,使学生在轻松愉快之余,接受各种知识。"

俞敏洪提出的对教师的要求也就体现了企业的价值观,新东方接受不同个性的教师,只要你的个性能够为学生接受,能够让学生感受到你的热情与能力。所以我们能够在新东方的课堂上看到把讲台变成舞台,用麦当劳式的英语教学模式,把英语变成一种激情式的享受,近似疯狂地讲着每一节课的是新东方基础二部主任,著名的口语、翻译、基础英语教学专家,新概念培训部的江博;发自本能地授课,真诚、自然、流利、有激情的语言天才,把对人生的理解、做人的理念融入与学生的每一次交流当中的是新东方 GRE 的词汇老师宋昊。这样个性鲜明的教师在新东方确实不胜枚举,这些都是由企业的个性类价值观决定的。

许多极具个性的教师齐聚"新东方",在这个舞台上展示着自己独特的个性,并且用自己独特的教学方式影响着学生,这些都是因为"新东方"作为一个企业,有着极具个性的企业价值观。

(二) 个人职业价值观与企业价值观的匹配

因为有了企业职业价值观,所以员工才知道自己身处这个企业,什么才是自己追求的目标,什么是可有可无的;什么是该做的,什么是不该做的;什么是可贵的,什么是要抛弃的。那么,个人职业价值观和企业价值观之间是怎样的关系呢? 怎样才能达到一种和谐的状态呢?

企业价值观体现的是总体的共同价值追求,而不是个人职业价值观的简单相加。由于每个人都有着各自不同的价值观,为了不使这些千姿百态、异彩纷呈的个人职业价值观引导下的个体行为相互抵触、相互冲撞,进而相互耗损,导致其合力作用无法实现极大值和最优化,必须对个人职业价值观予以加工、提炼和升华,形成以共有价值观为核心的企业文化来统帅个人价值观。拥有共有职业价值观的企业成员不仅体现了个人的职业价值追求,而且站在更高的层面引导和改造着个人职业价值观,这个时候,企业价值观如同磁铁一样吸引员工的注意,能动地呼唤个人内心对于更大意义、更大目标的追求,使个人的行为自动导向总体目标,并在企业内部形成一股强大的合力,使个人在实现自身的价值和追求,得到最大程度的满足,实现人生意义的同时推动总体目标实现。

我们在对自己的个人职业价值观有了明确认识的基础上,对相关企业的价值观也应有深入的了解,个人的价值观与所属企业价值观的匹配度越高,个人的发展越充分,个人在企业中发挥的作用也就越大,个人的发展也更能推动企业的发展。

四、 我们如何树立正确的、适合自己的个人职业价值观呢?

(一) 处理好职业价值观与金钱的关系

金钱是一种成就的报酬,它是在确定职业价值观时首先要面对的问题。有些经济条件不太好的大学毕业生在求职时,将金钱作为首选,从根本上讲这并没有错。但是对于一些人来说,现在拥有的知识、能力、经验和阅历还不足以使其一走上社会就获得大量金钱回报。怀有一夜暴富的心理是不正常的,更是危险的,容易被社会上的不法分子利用,甚至误入歧途。特别是面对严峻的就业形势,更应理性地降低对金钱的期望值,把眼光放远一些,应尽可能地将自我成长和自我实现作为在毕业求职时的首选。

(二) 处理好职业价值观与个人兴趣和特长的关系

职业价值观、个人兴趣和特长是人们在择业时需要考虑的最重要的三个因素。在确定价值观时,一定要考虑它是否与自己的兴趣和特长相适应。据调查,如果从事自己不喜欢的工作,有 80% 的人难以在他选择的职业上成功;而如果选择了自己喜欢的工作则可以充分调动人的潜能,获得职业发展的源动力。此外,选择一项自己擅长的工作,也会事半功倍。

(三) 处理好职业价值观的排序与取舍的问题

职业价值观的特性决定人们不会只有唯一的职业价值观,人性的本能也会驱使人们希望什么都能得到,但在现实生活中"鱼和熊掌是不可兼得的"。然而在职业选择中,人们却不能理性对待。既然是选择,就要付出代价,只有舍,才能得。所以,要对自己的职业价值观进行排序,找出你认为最重要以及次重要的方面,并提醒自己不可能什么都得到。否则就会患得患失,终其一生也不清楚自己到底想要什么,更谈不上职业生涯的成功和对社会的贡献。

(四) 处理好职业价值观中个人和家庭的关系

家是人的港湾,个人要平衡好工作和家庭的关系。如果要得到生活的平衡,不妨认真思考一下对于自己来说什么是最重要的,自己所追求的最高目标是什么,如何才能使自己感到幸福。根据事情的重要程度列一张清单,要做的只是处理列在最前边的事情。当然,与家人良好的沟通可以让家人更多地了解你,理解你,支持你。

(五) 处理好职业价值观中个人与社会的关系

人不能离开社会而独立存在,个人只有在工作中为社会作贡献才能实现自己的职业价值。当然我们并不是说要忽略择业中的个人因素,只去尽社会责任,这样不但不利于个人,也是社会的损失。例如,让一个富于科学创造力、不善言辞的学者去从事普通的教师工作,可能使国家损失一项重大的发明,而社会不过多了一个也许并不出色的老师。我们反对的是只为个人考虑、毫不考虑国家和社会需要的职业价值观。

(六) 处理好职业价值观中个人和用人单位的关系

我们要充分了解用人单位的价值观,思考自己职业价值观与企业价值观是否匹配。个人的价值观与所属企业价值观的匹配度越高,个人的发展越充分,个人在企业中发挥的作用也就越大,个人的发展也更能推动企业的发展。

(七) 处理好淡泊名利与追逐名利的关系

当一个人有了名利才有资格去谈淡泊,没有名利说淡泊那叫"吃不到葡萄说葡萄酸"。名利是人的欲望使然，欲望可以使人成就大的事业，也可使人自我毁灭。以合理、合法、公正、公平的方式追名逐利在一定程度上对个人对社会都会有益，但它需要一定的度，该知足时则知足，该进取时则进取。

你了解吗？

随着社会的进步与发展，我们的身边出现了很多的新兴职业。下面的这些职业，你都了解哪些呢？选择这些职业的人，你认为他们的职业价值观都倾向于哪些因素呢？

1. 酒店试睡员

酒店试睡员就是通过体验酒店的服务、环境、卫生、价格、餐饮等多个方面，比如床垫软硬、空调冷暖、网速快慢、下水道是否畅通、淋浴水流是否过大等，根据自己的感受写成报告，交给公司后在网上发布，为众多网友提供借鉴的一项职业。他们还需要收发、回复用户信件或问题，不定期接受媒体采访，维护个人博客，分享第一手酒店图片与影片。酒店试睡员要求年满 18 周岁，具有热情、理性还有异于常人的敏锐观察力与感受力，热爱旅游，乐于分享所见所闻，勇于冒险尝试新事物。

2. 旅游体验师

你想过游山玩水也可以成为一项职业吗？现在我可以告诉你，可以！旅游体验师可以免费跟随旅行团游山玩水，还能获得万元月薪，堪称"美差"，并且这项工作没有学历限制，只要求熟悉各地的旅游情况,文字表达能力强,会摄影,因为这样可以随时在线传播旅游心得,通过网络将旅游文字、图片或视频实时与网友在线共享,并最终对该条旅行线路给出综合评价,以供网友参考。

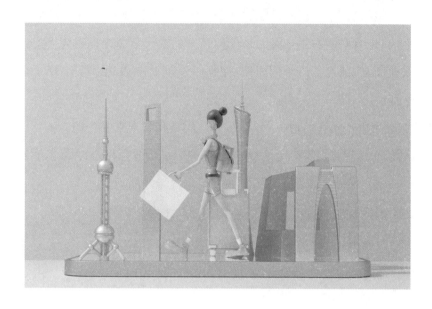

3. 牵犬师

牵犬师,英文为 Handler,台湾译为指导手,大陆称作牵犬师。在犬业发达的国家,牵犬师已经职业化。近几年来,流行于欧美的名犬赛开始在中国出现,专门驯狗、带狗参赛的职业牵犬师成了一种新职业。牵犬师是个非常辛苦的职业。很多牵犬师一年中有 200 多天都在犬展中度过。当然,每天收拾狗便,照顾狗吃喝、美容、训练,一样也少不了。同时,来自比赛成绩的压力也相当大,只有不断取得好成绩,才能争取到更多的客户。

左撇子、懂英文是牵犬师的必备要素。牵犬师源于 19 世纪英国犬展,牵犬师"左手牵犬、右手拿枪",如今,虽然牵犬师右手不拿枪了,但左手牵犬的习惯却保留下来。比赛时,按要求逆时针方向跑环形路线,牵犬师必须让犬位于自己的左侧,为了让评审对犬留下更深刻的印象,牵犬师的身体不能挡在犬和评审之间,也就只能左手牵犬。牵犬师用英文给犬下命令也因为犬类比赛源自英国,很多指令都由英文演化而来,而且英语单词简洁,往往一个词就能表达一个比较复杂的含义,赛犬容易理解。

同学们,人生最要紧的不是我们现在所处的位置,而是我们未来要去的方向。因此,我们要努力发现最正确的发展方向,这种方向不一定是最佳的,但一定是最适合我们的,最能够实现自身价值的!

探究活动

模拟求职招聘

活动目的:

通过模拟招聘会,让学生更加清楚地认识到自己的职业价值观,以及未来发展目标。

活动材料:

1. 招聘启事。

<table>
<tr><td align="center">招聘启事</td></tr>
<tr><td>

</td></tr>
</table>

2. A4 纸每人 1 张,铅笔和水笔各一支。

3. 面试的问题卡。

面试问题卡

你是一个什么样的人？

_____

从事该工作你最大的优势是什么？

_____

为了求职成功，你在高中和大学阶段做了哪些准备？

_____

你为什么要面试该工作？

_____

你曾经引以为豪的成就是什么？

_____

五年后你想成为什么样的人？

_____

你如何保证自己能胜任该项工作？

_____

父母对你应聘该工作是什么态度？

_____

4. 面试聘书。

聘书

兹聘＿＿＿＿＿＿＿＿同志担任＿＿＿＿＿＿＿＿，任期＿＿＿＿＿＿＿。

聘用单位：

法人单位：

活动步骤

步骤 1：选择职业。

在选择职业的时候，请同学们结合上文所讲的个人职业价值观和企业职业价值观的内容进行分析和选择。选好后请在卡片上填写你适合做的工作和希望进入的企业单位。

请写出选择这份工作的三条主要原因：

（1）＿＿＿＿＿＿＿＿＿＿＿＿＿＿＿＿＿＿＿＿＿＿＿＿＿＿＿＿＿＿＿＿＿＿

（2）＿＿＿＿＿＿＿＿＿＿＿＿＿＿＿＿＿＿＿＿＿＿＿＿＿＿＿＿＿＿＿＿＿＿

（3）＿＿＿＿＿＿＿＿＿＿＿＿＿＿＿＿＿＿＿＿＿＿＿＿＿＿＿＿＿＿＿＿＿＿

步骤 2：小组交流。

请每个小组内的同学们相互交流，听取小组对每位成员所选职业的意见。

步骤 3：模拟招聘会。

同学们都知道，当前在求职的过程中，参加招聘是一个非常重要的步骤，你能否在短暂的几分钟内向招聘人员展示你的能力，证明你是某个职位的最佳人选呢？我们今天就做一个模拟招聘会。

（1）选出四组，每组代表一个单位进行招聘，由两名同学担任面试官。

（2）面试官出示招聘启事。

（3）模拟招聘过程。

自我介绍（包括姓名、年龄、爱好、特长、胜任这项工作的优势等）

才艺展示

回答面试官问题

步骤4：面试官为录用者发放聘书，并解释录用的原因。

第六节　财富人生

他为什么只贷一美元？

　　一个犹太人走进纽约的一家银行。"请问先生，我可以为你做点什么？"贷款部经理一边问，一边打量着这个西装革履的来者。

　　"我想借些钱。"

　　"好啊，你要借多少？"

　　"一美元。"

"只需一美元？"

"不错，只借一美元，不可以吗？"

"噢，当然，不过只要你有足够的担保，再多点也无妨。"经理耸了耸肩。

"好吧，这些做担保可以吗？"犹太人接着从豪华的皮包里取出一堆股票、国债等，放在经理的写字台上。"总共 50 万美元，够了吧？"

"当然，当然！不过，你真的只要借一美元吗？"经理疑惑地看着眼前的怪人。

"是的。"说着，犹太人接过了一美元。

"年息为 6%，只要您付出 6% 的利息一年后归还，我们就可以把这些股票退还给您。"

"谢谢。"犹太人说完准备离开银行。

一直站在旁边冷眼观看的行长，怎么也弄不明白，拥有 50 万美元的人，怎么会来银行借一美元，于是他慌慌张张地追上前去，对犹太人说："啊，这位先生……"

"有什么事吗？"

"我实在弄不清楚，你拥有 50 万美元，为什么只借一美元呢？你不认为你这样做很吃亏吗？要是你借 30 万、40 万美元的话，我们也会很乐意……"

"呵，是这样的，在我来贵行之前，问过了几家金库，他们保险箱的租金都很昂贵。所以嘛，我就准备在贵行寄存这些东西，一年只需花六美分，租金简直太便宜了。"

同学们看了这个故事后都会感慨这个犹太人真是聪明，懂得换一种思维去处理问题。是啊，好一位理财高手！

"股神"巴菲特曾说："一个人一生能积累多少钱，不是取决于他能够赚多少钱，而是取决于他如何

投资理财，人找钱不如钱找钱，要知道让钱为你工作，而不是你为钱工作。"我们周边有很多人，看似平凡，却积累了不菲的财富，其秘诀在于他们大多注重理财。有句话叫"你不理财、财不理你"，理财不是让大家树立对金钱的崇拜。但"如果一点钱也没有，生活不会快乐；钱是一个必要条件，而不是一个充分条件"，曾子墨如是说。那么如何规划好自己的财富呢？让我们走进下面的内容。

理财准备

什么是理财？简单地说，理财就是一门关于如何攒钱、花钱和省钱的学问。通过理财一方面使得自己的钱花得更有价值，尤其是对于寄宿制学校的学生而言，理财很重要；另一方面学会理财意味着提高了自己在经济上的自我保护能力，使得我们成为一个独立的个体，减少对他人的依赖度。怎样才能成为像那个犹太人那样的理财高手呢？《穷爸爸、富爸爸》这本书道出了其中的原委：要想成为一个富人，首先要学会像富人那样思考。的确，其实穷人与富人，最主要的差距是在投资理财的观念上。因此，树立良好的投资理财观念是我们理财的重要前提。

要树立正确的理财观念，单有理财的意识还远远不够。我们还要明白投资理财的三个要素，一个是时间，一个是风险，一个是利润。这三个要素缺一不可。

活动探究：你能从三幅图中得到哪些启发？

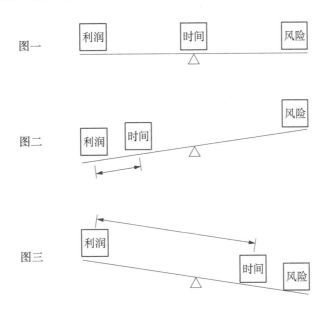

我们先来看一下时间，时间是一个非常重要的因素，没有时间，我们就完不成投资。只要给我一点本金，只要时间够长，我也能致富。比如说我要在退休后拥有100万元的养老金，是一次拿100万元出来，还是每个月存1 000元呢？答案是不言而喻的。同学们通过图二和图三的变化，可以看出：如果短期内追求利润，想一夕致富，风险就会上升，欲速则不达，任何一夕致富的投资机会，必定潜藏着更高的一夕致贫的风险。如果在较长时间内追求利润，风险就会下降。大家了解到投资的三个要素，肯定都希望利润越多越好，风险越低越好，时间越短越好。这是理想的追求，投资专家却不是这样做的。投资专家们经过多年的不断调整，总结出投资的基本理念，很多投资专家是在这些投资理念的指导下，来追求时间、风险和利润三者的均衡，以期获得更大的理财回报的。

那么投资有哪些基本理念呢？

一、理财致富要有足够的耐心

李嘉诚如何积累财富

15 岁丧父，辍学开始打工。

18 岁在塑胶厂做推销员，每天工作 16 小时。

22 岁筹资 50 000 元创办小塑胶厂。

30 岁挣得第一个 100 万元，买下第一块地，自盖厂房。

1967 年香港房价暴跌，40 岁的李嘉诚大肆收购土地。

1972 年香港股市大涨，长江实业上市吸收资金购地，当年李嘉诚 44 岁，成为千万富翁。

2021 年的福布斯全球富豪榜李嘉诚以 2 283 亿元人民币荣登香港富豪榜冠军，这一荣誉的取得是长达 40 多年的积累而来的。

李嘉诚告诫大家，20 岁以前，所有的钱都是靠双手勤劳换来的；20—30 岁是努力赚钱和存钱的时候；30 岁以后，投资理财的重要性逐渐提高；到中年时赚多少钱已经不重要，反而是如何管理钱比较重要，要想成为有钱人，就必须有足够的耐心。由此可见，投资理财首先要树立的理念就是：理财致富要有足够的耐心。

二、投资理财越早越好

财富积累并不神秘，无非就是积少成多，复利积累。假定一个 20 岁的人如果每年定期存款 1.4 万元，年平均收益率为 5%，那么在他 65 岁的时候就可以拥有 $1.4 万 \times (1+5\%)40 \approx 169$ 万，他成了百万富翁。要是一直等到 40 岁甚至 50 岁时才开始投资，那么为了在 65 岁时得到 100 万元的资产，他每年就需要增加更多的投入。可见时间就是金钱，投资理财越早越好。同样的资金早 10 年投资回报将会有很大不同。所以越早投资也就越快获得财富。就算你早一天投资，也会比晚一天要好，这就是趁早投资理财的理由。让时间来给你创造财富吧！

三、多元化投资化解风险

有个小偷，在商场行窃时被抓到了警察局，警察发现这个小偷是惯偷，而且很少失手，于是好奇地问他:"你能告诉我,一般人怎样才能减少被偷带来的损失吗?"

扒手回答:"很简单——别把所有的钱,放同一个口袋。"

同样,投资界有一句至理名言——"不要把鸡蛋放在一个篮子里"。说的是投资需要分解风险,以免孤注一掷失败之后造成巨大的损失。那如何分散风险呢? 有没有一个理想的"黄金搭档"呢?

答案是肯定的。著名经济学家哈里·马科维茨发展了一个概念明确的可操作的在不确定条件下选择投资的组合理论,被誉为"华尔街的第一次革命"。因在金融经济学方面做出了开创性工作,他还因此获得 1990 年诺贝尔经济学奖。下面我们就来简单了解一下这个组合。

银行(现金):8%

保障型保险:10%　　此分配形式年回报率为:7.6%

债券:12%

投资型保险:20%　　年分配风险的区间为:3.5%—1.6%

基金(股票):50%

理财实战

有的同学可能会有疑问,我没有多少钱,有理财的必要吗? 其实理财并不是要等到有钱了才开始的,因为它涉及我们如何攒钱、如何生钱和如何用钱这三个部分。

一、攒钱和花钱

小调查:你的钱从哪里来? 你是怎么花钱的? 请同学们发表对如何攒钱和花钱的看法。

不同的同学有不同的攒钱方法,只要是合法地获得财富的渠道都应得到保护和支持。但请注意,无论你的收入是多少,记得分成五份。

增加对身体的投资,让身体始终好用;

增加对社交的投资,扩大你的人脉;

增加对学习的投资,加强你的自信;

增加对旅游的投资,扩大你的见闻;

增加对未来的投资,增加你的收益。

保持这种平衡,逐渐你就会开始有盈余。这是一个良性循环的人生计划。身体将越来越好,得到更多的营养和照顾。朋友会越来越多,存储许多有价值的人脉关系,同时,你也有条件参加那些非常高端的培训,使自己各方面的羽翼丰满,思维宽阔,格局广大,性格和谐。而你,也就能够逐渐实现自己的各种梦想,购买自己的需要的房子、车子,并且给未来的孩子准备一笔充足的教育基金。如果把收入看作是河流,财富看作是水库,那花出去的钱就像流出去的水。所以请大家记住——最初的财富,一定是攒出来的。

二、生钱

活动探究：我们知道不要把所有的鸡蛋放在一个篮子里,那我们的篮子有哪些呢?

储蓄存款　股票　债券　基金　外汇　保险　收藏品……

畅销书《邻居家的百万富翁》中举了一个例子,每年存 10 000 元,年回报能达到 8%,那四十年后收入大于 280 万元。每年存 10 000 元,相当于每月存 830 元。如果你每月连 830 元都存不下来,那你理财的首要之务是储蓄,而不是其他投资。下面我们来认识一下储蓄这种便捷的投资方式。

1. 储蓄存款

由于现阶段众多家庭的投资风险承受能力有限,而且大多数人的金融知识有限,因此很多人愿意把资金投入到安全性高的商业银行。但是同学们,我们如何面对商业银行的众多储蓄存款业务呢?我们该如何选择最合适的储蓄品种呢?

日常的生活费、零用钱,由于需要随时支取,最适合选择活期储蓄。如果还有一些结余,不妨考虑选择零存整取的储蓄方式。当然,如果我们有一笔长期闲置的资金,可以考虑整存整取,因为存期越长,利息越高。银行理财经理会给储蓄存款的人提供几种"处方",供储户选择。

（1）接力存款。

如果你每月都有固定结余,可选择接力存款。即每月都可将资金存一笔定期,存款到期后把本金利息再加上当月的结余再转存一笔定期。定期存款期限可以选择一年、三年或者五年。这样可以保证每月的结余都按定期存款,享受定期利率。而且当需要资金时,根据资金多少,提前支取当前存期最短的存款,也能最大程度降低利息损失。

（2）复利储蓄。

如果你手里有一笔较大的资金,可以选择利滚利储蓄。把手里的闲置资金存为存本取息,然后每个月取出利息,再把每笔利息办成整存整取。这样能保证本金和利息获得最大程度的收益。

我们经常说起的现在银行的存款利率都是指单利,银行每年按这个利率计算利息,但是只在存款到期时才和本金一并支付给你。与此相对,还有一种支付利息的方法,那就是复利,就是说利息在每年的年末就支付给你,而不是存款到期后才一并支付,这样,上一年得到的利息在下一年就成了本金,在以后的每年中都可以得到利息,也就是通常所说的"利滚利"。

假定利率为 2.88%,现在把 1 000 元存 5 年,分别用单利、复利计算利息,会出现怎样的结果?

同学们可以根据公式算一算。

你们可能会说,确实不一样,不过只几块钱的差异而已,没什么大不了的。可千万不要小看了这点小小的差异,在利率比较高、期限比较长的情况下,这个差别会大得惊人。

(3)分开储蓄。

当你觉得后期可能会使用到积蓄资金时,可以选择分开储蓄。比如你手里有 10 万元闲置资金,预计可能将来会使用部分资金,但是又不确定时间和金额,你可以把 10 万元分为 1 万元、2 万元、3 万元、4 万元多笔资金来存一年定期。一年内,你根据你需要的资金提前支取某笔或某几笔存款,这样能让未提取的存款获得定期存款利息收益。

(4)阶梯储蓄。

这种方式较适合生活支出有规律有计划的家庭。

假定你手中有 5 万元现金,你可以把它平均分成 5 份,用 1 万元开设一个 1 年期的存单,用 1 万元开设一个 2 年期的存单,用 1 万元开设一个 3 年期的存单,用 1 万元开设一个 4 年期的存单,用 1 万元开设一个 5 年的存单。1 年后 1 万元到期后加新存入的钱改成 5 年期的,2 年后 1 万元到期后改成 5 年期,以此类推,5 年后最后一个到期也改成 5 年期,以后每年都有钱到期,都是 5 年期的,赚取高利息。

本金(万元)	存期(年)	到期续存(年)
1	1	5
1	2	5
1	3	5
1	4	5
1	5	5

(5)活期存款转通知存款。

个人通知存款是存入款项时不约定存期,但约定支取存款的通知期限,支取时按约定期限提前通知银行,约定支取存款的日期和金额,凭存款凭证支取本金和利息的服务。

案例：

杨某将 100 万元人民币存入七天通知存款，两个月后，杨某即可获取多少的存款利息？

通知存款利息：

$1\,000\,000 \times 1.35\% \div 12 \times 2 = 2\,250$（元）

活期存款利息：

$1\,000\,000 \times 0.36\% \div 12 \times 2 = 600$（元）

由此可见，通知存款利息比活期多了 1 650 元利息，这既保证了用款需要，又可享受高于活期利息的收益。

投资有风险，储蓄存款同样不例外。如果银行利率赶不上通货膨胀率时，就会出现负利率的情况。所谓负利率，即消费者物价指数（CPI）的上升导致存款利率实际为负的现象。比如通货膨胀率是 7%，存款利率是 4%。那么你的存款就会在来年缩水 3%。如果你没有其他投资理财项目的话，你会发现，自己的财富购买力不但没有增加，反而随着物价的上涨缩水了，也就是所谓的存款实际收益为"负"的现象。其实抵御负利率的手段有很多，比如下面的几种投资方式。

2. 股票

牛顿算不准股市的疯狂

大名鼎鼎的牛顿就曾做过一个疯狂的股民。1711 年，有着英国政府背景的英国南海公司成立，并发行了最早的一批股票。当时人人都看好南海公司，其股价从 1720 年 1 月的每股 128 英镑迅速攀升，涨幅惊人。4 月份，牛顿用 7 000 英镑的资金，购买了南海公司的股票。两个月后，比较谨慎的牛顿把股票卖掉后，竟然赚了 7 000 英镑！但刚卖掉股票，牛顿就后悔了。因为到了 7 月，该股股价达到 1 000 英镑，几乎增值了 8 倍。于是，牛顿决定加大投入。然而此时的南海公司却出现了经营困境。6 月，英国国会通过了《反泡沫公司法》，对南海公司等公司进行政策限制。没过多久，南海股票一落千丈，到了 12 月份最终跌为约 124 英镑，南海公司总资产严重缩水。许多投资人血本无归，牛顿也未及脱身，亏了 2 万英镑！

这笔钱对于牛顿来说无疑是一笔巨款，牛顿曾做过英格兰皇家造币厂厂长的高薪职位，年薪也不过 2 000 英镑。事后，牛顿慨叹："我能计算出天体运行的轨迹，却难以预料到人们的疯狂。"

同学们在生活中听说过"股票"一词，对股票一知半解，但是也很感兴趣。那就让我们一起来了解一下吧。（了解股市的知识，只是开阔知识面，但未成年人不可以涉足。）

（1）开户，可在手机上安装相应证券公司的 APP，注册并完成开户。

（2）了解一些股票投资的基础知识。

掌握股票证券、股票数据、股票分析、股票入门等知识。这方面的知识可以从网上轻易获得。

（3）股票的分析方法。

① 基本面的分析：

这是持股人看某只股票前景的重要分析手段。所谓的基本面，就是立足经济、行业和企业基本面的分析，尤其是企业的经营效益。观察企业的近年营业收益尤其是分析每个季度的经营状况有助于我们在恰当的时间购入或卖出手中持有的股票。

② 技术分析：

技术分析方法比较复杂，因为需要统计学和计量经济学的支撑，才可以实现。

这主要是用曾经的数据经验来预测未来，可以归为技术分析派。我们有时候会听到人们在议论阴线、阳线、十字星等，这些或多或少都牵扯到了技术分析的理念。这方面有很多种说法。

（4）股票投资的方法。

① 分散组合投资：

★ 第一层面选择不同行业股票；

★ 第二层面在一个行业内选择不同的股票；

★ 第三层面分阶段（分交易日、时间段）、分批买入股票或卖出股票，建议每次用同样额度的钱。

② 长期投资：

巴菲特的选股原则是："我们始终寻找那些业务清晰易懂，业绩持续优异，由能力非凡并且为股东着想的管理层来经营的大企业，我们不仅要以合理的价格买入，而且我们买入的公司的未来业绩还要与我们的估计相符。"

股市风险高，投资须谨慎。

3. 基金

如果你觉得自己羡慕炒股的高收益，又不懂股市或没时间关注股市的变化，来看另一种相对股票而言风险稍低的投资方式——基金。

一个普通人可以及时上手的投资

小王是某中学的老师。2007 年，办公室的同事们都在谈论基金的事，小王也开始对基金有了一些认识。这让平时不懂炒股、没有多少闲暇时间的他一下子来了精神，有这么好的投资项目为什么我才发现呢？于是，小王拿出了 2 万元人民币，准备到市场上搏一把。

在基金经理的推荐和同事的建议下，小王选择了一个颇有口碑的基金。没想到的是，那基金果然随着 2007 年的大牛市一路上涨。小王高兴坏了，心想按照这个涨法，没多少年，自己也能成为百万富翁啊！

可是好景不长，小王的如意算盘没打多久，美国发生了严重的次贷危机，中国市场受到冲击，股市一路看跌，小王的基金缩水不少。但令小王欣慰的是，与那些饱受冲击的股民比起来，自己的损失还是比较小的。

通过这个事例，我们可以看到基金的风险明显小于股票，那么原因何在呢？让我们透过基金的含义来了解一下基金的特点吧。

（1）基金是什么？通俗点说，就是我们把钱交给专业化的分析研究队伍去打理，基金经理拿着汇集起来的钱去做多种投资，从而降低投资风险的一种理财品种。

（2）如何选择基金？著名投资专家张昕帆在央视《理财教室》中，为大家介绍了基金投资的关注点：一看公司，二看产品，三看业绩。

① 看公司：一般看两种，大象型和猎豹型公司。

大象型公司是系出名门，股东是国内大银行、大集团、大企业、国外大财团，抗风险能力强。

猎豹型公司没有那么大的股东背景，但是市场领悟能力强。

大象型公司可以做长期稳健的配置，猎豹型公司则适合灵活、机动的配置。

② 看细节。

优秀的基金公司，会把它的投资理念传导给你，和你分享理念，而一般的基金公司分享产品，总是在推销各种产品。

③ 看团队。

优秀的公司有一支整齐的团队，并不是非常突出明星基金经理的作用。所以不要跟着那些明星基金经理来买基金，这是一个误区，基金经理没有 10 年 8 年未必能出徒的。有一句名言：我从来没有见过 40 岁以下的基金经理，不要看基金经理，而要看基金团队是否完整，因为基金团队才是公司最重要的资产。

（3）如何购买基金？

首先，你要看这个产品和自己的需求是否匹配，看产品时，你要看这个产品是高成长型（静止波动会很高，每次有波动就不要大惊小怪的），还是股债平衡型（波动很低，但涨得慢一些），不要不了解就买，人的贪婪会变形的，到时候自己都不了解自己。

组合优良、投资理念成熟的基金公司是我们的首选。其次，我们还要正确看待公司的过往业绩。

第一，你要用发展的目光来看待这些东西（净值）。

第二，要历史地看基金业绩，看熊市的时候它的表现怎么样，所以老基金更值得你投资。

第三，要辩证地看，决不因为某些基金现在表现不好就说它不好，恪守自己的投资理念，绝不因为某些基金一时表现得非常好就开始追捧，你要看这些是怎么来的。

4. 网银理财

网上银行又被称为"3A 银行"，因为它能够在任何时间（Anytime）、任何地方（Anywhere）、以任何方式（Anyway）为客户提供金融服务。它具有全面实现无纸化交易，服务方便、快捷、高效、可靠，经营成本低廉，简单易用等优点。自 2007 年以来中国网上银行市场发展迅速，交易额规模实现爆发式增长，各大银行纷纷将所有的银行业务都搬到了互联网上，深受大家的喜爱。那么如何进行网银理财呢？

（1）开通网银。

多数银行的开通程序大体类似，以中国工商银行的开通程序为例：

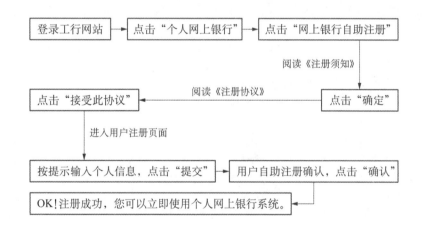

（2）网银功能。

基本网上银行业务包括：在线查询账户余额、交易记录，下载数据，转账和网上支付等，可向客户提供开户、销户、查询、对账、行内转账、跨行转账、信贷、网上证券、投资理财以及其他贸易或非贸易的全方位银行业务服务。

下图为交通银行个人网上银行①办理的业务：

---

① 具体页面和办理流程以银行的实际操作为准，本文只是示意。

（3）网银理财的使用。

网银理财的使用很简单，比如在交通银行购买基金，登录到账户之后，点击基金超市。

发现以下基金项目：

营养组合

组合名称	投资风格	最低投资金额	操作	操作
智慧选基激进成长型组合	成长型	7000.00	详细信息	购买
智慧选基标准成长型组合	成长型	7000.00	详细信息	购买
智慧选基标准稳健型组合	稳健型	5000.00	详细信息	购买
智慧选基保守稳健型组合	稳健型	5000.00	详细信息	购买
智慧选基积极保守型组合	保守型	5000.00	详细信息	购买
智慧选基标准保守型组合	保守型	4000.00	详细信息	购买

开放期基金推荐

基金代码	基金名称	收费方式	基金类型	费率	操作
160607	鹏华价值优势股票（LOF）	前收费	偏股型基金	查看	购买
020001	国泰金鹰增长股票	前收费	偏股型基金	查看	购买
163302	大摩资源优选混合	前收费	偏股型基金	查看	购买
070006	嘉实服务增值行业混合	前收费	偏股型基金	查看	购买
100029	富国天成红利混合	前收费	混合型基金	查看	购买
217008	招商安本增利债券	前收费	债券型基金	查看	购买
519078	汇添富增强收益债券	前收费	债券型基金	查看	购买

点击购买，交通银行会进行投资风险偏好测试，以评估你的风险类型。如下图所示：

● 本组问题能够帮助您了解自己实际承担风险的能力

1.您有足够的收入应付家庭日常开支吗？
是□ 否□

2.如果遇到财务困难，急需用钱，您能借到钱渡过难关吗？
是□ 否□

3.除了工资，您是否还有其他稳定的经济来源？
是□ 否□

4.如果投资损失了部分钱，您能承受吗？
是□ 否□

● 本组问题可以测试您在面对风险时所采取的态度

1.如果展示用的电脑样机能够打折，您会购买吗？
是□ 否□

2.假如现在有一份工作比您目前工作的待遇好很多，但要承受非常大的压力，而且工作要求很高，您会选择吗？
是□ 否□

3.您喜欢购买彩票吗？
是□ 否□

4.如果投资出现亏损，您还能保持良好心态吗？ 是□ 否□

5.您是否极少犹豫不定、患得患失？
是□ 否□

6.您是否宁愿购买高风险的股票也不愿意把钱存入银行？
是□ 否□

7.您相信自己所作的决定吗？
是□ 否□

8.您愿意独自作决定吗？
是□ 否□

9.您面对股票交易行情屏幕，还能控制住情绪吗？
是□ 否□

"是"的个数	对应的类型	投资取向
11~13	激进型	您是一位愿意承担高风险，以追求高收益的投资者，所以您在投资时可以重点配置权益类资产。
8~10	进取型	您是一位愿意承担部分高风险，以追求较高收益的投资者，所以您在投资时可以在权益类投资渠道上配置较多资产，也可配置部分非权益类资产。
5~7	平衡型	您是一位愿意承担一定风险，以便获取的收益高于平均收益的投资者，所以您在投资时可以在权益类和非权益类资产上作较平均的分配。
2~4	稳健型	您是一位为了安全获取眼前的收益，宁愿放弃获取高收益机会的投资者，所以您在投资时可以重点配置非权益类资产。
0~1	谨慎型	您是一位几乎不愿意承受任何风险的投资者，建议您将资产配置在最稳妥的渠道中，比如国债或货币市场基金，以获取利息和稳定分红，当然收益也是有限的。

根据测试结果，并按照你的测试类型，网站会给你推荐一些基金品种，按提示进行操作即可完成投资。

（4）网银的使用安全。保持良好的使用和防护习惯，是可以有效保障网银的使用安全的。如以下方法的使用：

① 短信服务。

建设银行网上银行提供了从登录、查询、交易直到退出的每一个环节的短信提醒服务，客户可以直接通过网上银行捆绑其手机，随时掌握网上银行使用情况。

② 动态口令卡。

动态口令是一种动态密码技术，简单地说，就是客户每次在网上银行进行资金交易时使用不同的密码，进行交易确认。

③ 双密码控制，并设定了密码安全强度。

网上银行系统采取登录密码和交易密码两种控制，并对密码错误次数进行了限制，超出限制次数，客户当日即无法进行登录。在客户首次登录网上银行时，系统将强制要求用户修改在柜台签约时预留的登录密码，并对密码强度进行了检测，要求客户不能使用简单密码，有利于提高客户端的安全性。

5. 意外损失由谁买单——保险

泰国国王的失业保险

曾任泰国国王的帕拉贾德希波克一生中最值得称道的事情之一,就是他在地位声望达到巅峰的时候,对自己命运的清醒预测。1925 年,帕拉贾德希波克登基,当上了泰国国王。执政之后,政绩平平,无所建树,他终日担心害怕有朝一日被政敌废黜,成为一个一贫如洗的贫民。

为防不测,他同时向英国和法国的两家保险公司投保失业保险,那两家保险公司虽然都从未办理过以国王作为被保险人的失业保险,但谁也不愿意错过这一扩大公司影响的机会,欣然接受了投保,开出了保险金额可观的保险单。事实的发展证明了帕拉贾德希波克并非杞人忧天,1935 年他被迫放弃了王位。成为平民的前国王虽不能再享受一国之君的荣华富贵,但也无穷困潦倒之虞,依靠两家大保险公司为他支付的丰厚的失业保险金,他安然度过了退位后的 6 年余生。

李嘉诚曾说:别人都说我富有,拥有很多财富,其实真正属于我个人的财富是给自己和亲人购买了足够的人寿保险。生活中风险无处不在,当这些风险无法避免时,我们就需要采取相应的措施尽量使风险所造成的损失减至最小,而这就是保险的保障作用之一。

保险作为家庭理财的重要组成部分已越来越被大家重视,可是究竟应该怎样给家庭上保险呢?下面是著名投资专家刘彦斌给大家的建议:

(1) 人身意外伤害保险是一种物美价廉的产品,人人都应当购买,因为人人都可能出现意外,你当然也不例外。比如,你乘坐飞机,就应该买一份航空意外保险;你外出旅游,就应该买一份旅游意外保险。

(2) 人人都会生病,因此医疗保险,必不可少。等你生病的时候,你会感到医疗费真的很贵,而有了医疗保险,你就会轻松多了。

(3) 如果你是贷款购买房产,你一定要购买一份房贷险,避免你在失去还款能力时家庭陷入财务困境。

(4) 定期寿险是一种非常重要的保障工具,非常适合 35 岁以下的年轻人购买,保险金额应当是被保险人 5—10 年的生活费,如果被保险人有债务,比如房贷,那么保险金额还应该加上债务的金额。

(5) 年金保险是个人和家庭积累养老金的重要方式,35 岁以上的中年人应当广泛使用,可以将家庭中养命钱的 20%—30%用于年金保险。

(6) 购买终身寿险是一种很好的遗产转移方式,它可以免交遗产税。这是目前征收遗产税非常高的几个发达国家公民人尽皆知的公开转移遗产的最佳方式。

（7）有车就一定有汽车保险（机动车辆保险）。开车就有可能出事故，不是你撞别人（物体），就是别人撞你，如果出了事故，没有保险你就惨了。

（8）尽量不用保单贷款，因为贷款利息比你的保单收益要高得多。

（9）要给家里的经济支柱买保险，而不要把保险费花在孩子身上。

（10）尽量选择大的保险公司（集团）来购买产品。

保险是你生活的必需品，它是财富的衣服，一定要给你的财富穿上衣服，别让你的财富裸体。

6. 互联网金融理财产品

如今，市场上的互联网金融理财产品琳琅满目，按照理财产品品种的不同，可以分为互联网基金、互联网债券、互联网货币及互联网保险等；按照发行公司的不同平台类型，可以分为互联网平台类、银行类、基金直销类、电信运营商及其他类。

理财风险及防范

一、金融诈骗

近年来，公安部会同中央网信办、工信部、人民银行等部门，开创性开展技术拦截、精准劝阻等工作。仅 2021 年国家反诈中心共紧急止付涉案资金 3 291 亿元，成功避免 2 891 万群众受骗。近 5 年，共破获电信网络诈骗案 122.7 万起，抓获犯罪嫌疑人 134.2 万名，依法办理 P2P 网贷平台案 1 072 起。下面我们给大家梳理一下这些骗局，再次提醒大家投资要格外谨慎小心。

骗局一：分红险的秘密

骗局形式：很多被忽悠购买分红险的投资者都是通过银行销售人员介绍和推荐的，其称资金可以随时支取、每年有 7%—8% 的收益等来误导投资者。

产品实质：目前银行代销的大部分保险都是分红型和投连型保险，这类保险整体保障功能不强、保费较高，而且分红险中的分红并不保证。

如何应对：

1. 如果真有保障需求，就去保险公司或其官网、第三方销售平台或者选择保险代理人购买保障性的保险，分红型或者投连型保险，并不适合所有投保人。

2. 一定要留意合同说明，了解产品本质。

3. 如果已经购买了分红险，而且已经错过了犹豫期（投保人在收到保险合同后 10 天内，如不同意保险合同内容,可将合同退还保险人并申请撤消并退还已收全部保费),那么建议不要轻易退保,否则只能领到有限的现金价值和红利。

骗局二：网络理财陷阱

骗局形式：以"天天返利""保本保收益""收益可达 20％以上"等诱惑性信息为噱头,打着帮投资者购买原始股等有价证券的旗号,让投资者的资金汇入他人账号中骗取钱财。

如何应对：切忌被高收益迷惑,一定要认清销售人员和投资渠道的资质,遇到需要往某人账户中汇款的要求,一定要小心,避免掉进陷阱。

骗局三：民间借贷骗局

骗局形式：以年利率 20％、30％甚至更高的回报为幌子,投资者一开始投入几万元,尝到"甜头"后便追加几十万元,甚至几百万元,最终借款人逃跑、企业倒闭。

如何应对：还是那句话,天上不会掉馅饼的,民间借贷一定要小心谨慎,尤其是面对如此高的回报,我们更要注意风险控制。

怎样投资民间借贷比较靠谱：

（1）只有极少数银行开通了针对某些地区的个人无抵押贷款品种,而且需要到银行面签合同,提供工资卡的银行对账单等。

（2）利率要合理,法律只保护同期银行贷款利率 4 倍之内的借款利率,超出部分,不予保护。

（3）参与民间借贷一定要到对方公司进行实地查看,并签订正式合同而非口头协议,借款合同最好向律师咨询一下有没有违规条款。

（4）有必要保留对方的公司营业执照复印件和身份证复印件,并辨明真伪。

提示：民间借贷利率不得高于同期银行贷款利率的 4 倍,超过部分不受法律保护。

骗局四：电信诈骗

骗局形式：如今电信诈骗的花样越来越多,有说可以领取一笔新生儿补贴费的、有冒充司法机关工作人员的、有捡到现金说要一起分红的,还有虚假中奖信息……这些都是老生常谈的话题了,但形式无非是通过电话,企图让你转账汇款。

如何应对：今后接到这样的电话,无论理由是什么,只要让你汇款,一定要谨慎,不要随意相信。

骗局五：非法集资骗局

其实很多投资骗局都是变相的非法集资,除了上述骗局形式,还有如下一些骗局形式：

（1）假冒民营银行的名义，借国家支持民间资本发起设立金融机构的政策，谎称已获得或正在申办民营银行牌照，虚构民营银行的名义发售原始股或吸收存款。

（2）打着境外投资、高新科技开发旗号，假冒或虚构国际知名公司设立网站，并在网上发布销售境外基金、原始股、境外上市、开发高新技术等信息，许诺高额预期回报，诱骗人们向指定的个人账户汇入资金，然后关闭网站，携款逃匿。

（3）以投资养老公寓、异地联合安养为名，以高额回报、提供养老服务为诱饵，引诱老年群众"加盟投资"；或通过举办所谓的养生讲座、免费体检、免费旅游、发放小礼品方式，引诱老年群众投入资金。

总结：

骗局之所以屡禁不止，是因为有支持者，说难听点儿，支持者大多是"唯利是图"的人，不少投资者被巨额盈利吸引，梦想一夜暴富，只单纯关注回报，忽视了本该更重要的风险控制。

还有一点也不容忽视，那就是投资者不了解自己的风险承受能力，很多人只是简单地了解甚至只是听说不错，便直接上阵交易，所具备的能力并不能把握投资结果的走向。

二、不可忽视的校园贷、回租贷、求职贷等校园"高利贷"

事件回放

● 2016 年 3 月，河南牧业经济学院大二学生小郑因迷恋足彩，输光生活费，开始通过网络借贷买彩，继而冒用或请求同学帮忙借贷，欠下 60 多万元巨债，无力偿还。3 月 9 日晚，小郑在微信群里留言后跳楼自杀。

● 2016 年 6 月，一名大学生向网络借贷平台借款，被要求以"裸条"作抵押（以手持身份证的裸照为抵押）的新闻，在网上引起热议。

● 2016 年 8 月，广东一大学生通过网络借贷平台网贷 3 500 元买手机，陷入"以借代还"的恶性循环无法自拔，滚雪球般欠债 10 万元。

● 2016 年 9 月，长春某大学继续教育学院大一新生小郑，通过校园内的借贷广告借了 1 万元，约定 10 月 7 日还。结果晚还 6 天，借贷公司让小郑及其担保人还 4.2 万元。10 月 16 日，小郑无力还款，便吞药自杀险些身亡。

● 2016 年 10 月，漳州某学院的大二学生小乐（化名）上大学仅一年已经背上百万元巨债，导致数十名同学、朋友受到牵累，小乐险些因此轻生。

> ● 2016 年 11 月底，一个 10G 的女大学生不雅照片、视频的压缩包在网上流传开，再次将"校园贷"推上舆论的风口浪尖。

近年来，随着互联网金融的崛起，校园贷领域出现了野蛮生长、无序扩张的局面。校园贷市场发展两年多以来，一些非法机构进行暴力催收，导致"跳楼""裸贷"等校园信贷极端事件频发，引发社会多方关注。

校园贷，又称校园网贷，是近年来互联网金融发展最迅猛的产品之一，是指一些网络贷款平台面向在校学生开展的贷款业务。

一般来说，校园贷分为三类：一是专门针对学生分期购物的平台，部分还提供较低额度的现金提现；二是 P2P 贷款平台，用于学生助学和创业，如投投贷、名校贷等；三是阿里、京东、淘宝等传统电商平台提供的信贷服务。此外，还有一些不良企业打着"培训、实习、兼职、助学、刷单"等幌子，诱导学生或利用学生个人信息实施网贷。

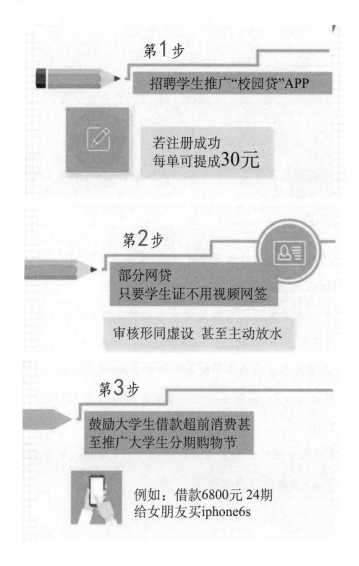

第1步
招聘学生推广"校园贷"APP
若注册成功
每单可提成30元

第2步
部分网贷
只要学生证不用视频网签
审核形同虚设 甚至主动放水

第3步
鼓励大学生借款超前消费甚至推广大学生分期购物节
例如：借款6800元 24期
给女朋友买iphone6s

那么校园贷是如何占领校园的呢?

不良的消费观念很容易造成攀比,而我们又随处可见关于"校园贷"的各种所谓的好处,在种种诱惑面前,不少小伙伴跳进了网贷平台挖好的"大坑",然而入坑之后,想出来可就难了!

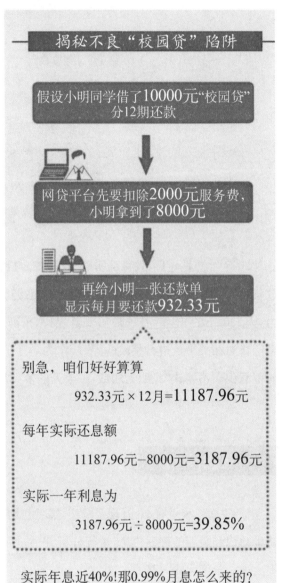

$$(11187.96 \quad 10000) \div 12 = 99元$$
$$99 \div 10000 = 0.99\%$$

看懂了吗？

猫腻一：
 利息一直是按本金10000元计算的，
 没有扣除那2000元手续费。

猫腻二：
 并非按"等额本息"还款方式计算，
 每月本金始终按10000元计，没递减。

2017年9月6日，教育部明确"取缔校园贷款业务，任何网络贷款机构都不允许向在校大学生发放贷款"。但回租贷、求职贷、培训贷等现象仍值得警惕。对于财富，大家也要有自己判断是非的能力，天上掉下的"馅饼"往往最需要警惕！"校园贷"看起来很美好，但其中明抢暗坑，危机重重。有关部门在对相关平台进行整改的同时，作为学生的我们必须要时刻保持头脑清醒，理性适度消费，加强防范意识。不要让"花明天的钱，圆今天的梦"成了"花明天的钱，让明天没梦可做"。

创意作业

1. 假如你家里有20万现金资产，需要进行合理安排，你打算做怎样的投资？请利用本课所学的初步知识和最新的理财信息，进行分析评估，做出一份理财方案。跟爸爸妈妈一起讨论是否可行，并提出进一步优化的方案。

2. 利用学生会，组织开展淘宝节等形式的商业活动，体会商业贸易，进行投资理财实战体验。

合肥八中2022年"淘宝节"活动方案

合肥八中2022年模拟市场暨校园淘宝节是合肥八中生涯规划、学生自主管理的特色活动，学生参与市场交易，体验商品交换，培养自主管理能力。淘宝节以闲置物品交换为主要形式，引导学生参

与公益,培养社会责任感。主要方案如下:

一　活动时间

2022 年 9 月 14 日(周三)下午 4:05 至 7:00(第二节课后至晚自习前)。

二　活动对象

合肥八中高一、高二、高三、国际部全体学生、老师,合肥八中校学生会、年级学生会。

三　活动地点

校园篮球场、小树林、主干道等地。

四　活动介绍

(一)摊位设置

图书资料类、学习用品类、生活用品类,各班自行选择一到两个主题进行布展,学校增设校长摊位、教工摊位、社团摊位。

1. 摊位主题:各班自行设立。

2. 人数:每班摊位须 3 人负责。

3. 器材:桌子、摊布自备。

4. 宣传:各班用海报、广告牌等方式进行摊位宣传。在活动当天,各个摊位可通过表演节目进行宣传。(宣传作为评优的一部分)

5. 商品:图书资料、学习用品、生活用品、手工制作、衣物等闲置用品等,不得售卖不良商品。各摊位商品数量建议达到 15 件。各班摊位信息表于 9 月 10 日前上交年级学生会,由校学生会派专人审核。

6. 布展时间:活动当天下午两点前完成布展。

(二)摊位收银

1. 由各个摊位开收据,买者根据收据至摊位所属的收银台付款。收银台工作人员在付款收据上盖章,并记录(____班摊位卖出了____,收入____),买者再凭收据至摊位拿取物品。(具体流程参考商场购物流程)

2. 每个收银台设置 2 名工作人员,负责收银、记录摊位售卖情况。

3. 每个收银台应配有 KT 板一块(进行摊位销售状况公示)、销售情况记录表格、付款证明用章。

4. 收银台工作人员负责活动后销售情况的统计。

5. 销售收入 20% 上交市场办公室,其中,10% 将用于公益活动,10% 用于市场管理。

6. 外校、志愿者及校总部的摊位由摊位负责人自行收款且不交学校,但销售额须在活动结束后上报。

五　清场和突发事件

1. 清场:下午 6:30 预告活动剩余时间,各摊位清理垃圾杂物,6:40 宣布活动结束。结束后摊位可收摊离开,不留垃圾。礼仪部成员引导散场及人员撤离。摊位负责人将活动物品撤离(如桌椅及音响设备),清理会场杂物,假设有遗失物品需妥善保管并与失主联系。清场完毕后向组织方负责人报告。各收银台完成结算工作并上报。

2. 突发事件:若摊位之间出现突发事件,摊位人员须及时向市场管理员反映,若发生场地区域纠纷,按照事先的规划处理。若摊位发生强买强卖、故意刷单扰乱活动秩序的不文明行为,故意销售质量不合格商品等,一经发现或举报,取消摊位评优资格并按规定严肃处理。若售出商品存在质量问题,消费者可与工作人员反映并进行调换或办理退款手续。若消费者与摊位发生不愉快事件,在自主协调不能解决时向工作人员反映,由工作人员酌情处理。若当天天气有雨,摊位则移至体育馆以及高一、高二、高三一楼过道进行活动。

六 优秀摊位评奖

(一)奖项设置

1. 设最佳人气、最佳创意和最佳摊位奖。

2. 最佳人气奖:可以由随机采访投票产生(十个摊位),采访数额应在 50 人及以上且应扩大范围。

3. 最佳创意奖:需是手工制作,或是包含了创意的商品,由学生会评定(五个摊位),活动部评判。

4. 最佳摊位奖:经活动中的金额累计,评销售额最高的前十个摊位。

5. 希望每个摊位把盈利(缴纳摊位费除外)的用途写一份简短报告,并评选出最有意义奖。(二十个摊位)

6. 获奖的摊位可以拿到奖状,并且尽量不重复。

7. 消费达到一定金额,可至总服务台领取相应奖品。

(二)评选方式

1. 收银台工作人员由年级学生会成员担任,负责统计、记录摊位销售额,并根据统计的销售结果进行评价。

2. 由校学生会礼仪部与志愿者协会于活动过程中监督、观察各摊位,对于是否符合评优要求进行评分。

3. 在活动后期,由校学生会礼仪部与志愿者协会随机请活动参与学生进行投票与评价,并进行汇总统计。

合肥八中校团委、学生会

2022 年 9 月 2 日

附

摊位信息表

摊位主题			
年级		组团/班级	
参与人数		商品数量	
商品类型			
商品价格			
预算估计			
宣传计划			
具体规划			

校园淘宝节

第三篇

实现规划

第七节　专注目标

下图为 2017 届 15 班纪念合肥八中 60 周年校庆巨献《舌尖上的八中·美在心间》。

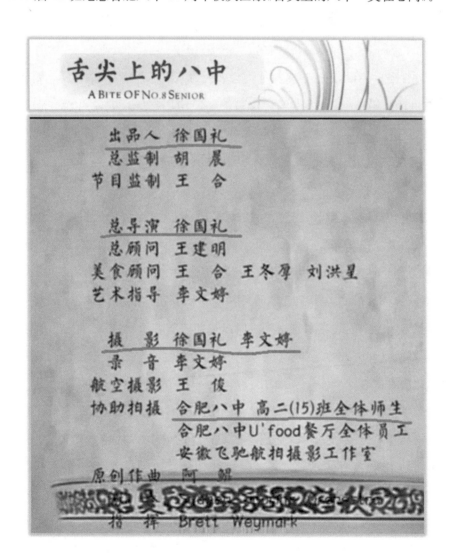

情结始于舌尖，梦想植于心间

同学们，大家好，我是高三(15)班的徐国礼。很高兴能与大家一起分享我关于未来人生目标和梦想的一些见解。

之前与很多同学交流过，也在一些活动中得知了大家内心的不同想法。同学们的内心或多或少都知道自己以后想做什么事情，想成为一个什么样的人。但是这些想法往往不是从小就确定的。有很多因素会影响我们对于未来的设想，这些因素包括自己见识的提升、价值观的转变和一些客观条件的限制。有时候，这个第三点，客观条件的限制，往往是我们前行的最大障碍。前段时间，老师们都下发了空军和东航招飞的通知。飞行员是一项职业荣誉很高的工作，我相信有那么一些同学非常向往蓝天，想成为一名飞行员。但是，在这些想要成为飞行员的同学当中，究竟有多少人能够通过严格的体检呢？下面我就以几条民航飞行员的体检标准为例子，大家感受一下。

抛开视力的硬性条件不说，还有很多特征均会被视为体检不合格，其中包括：明显的 X、O 型腿，颜面五官不对称，口吃，晕车晕船，严重偏食及猪牛羊肉均不吃等。大家可能会觉得很可笑。但这些标准的设立都是有科学依据的。至此，作为一个连视力都没有达到标准的人，我对那些能够通过飞行员体检的人实在是佩服。由此大家应该可以看出，客观因素对于一个人的未来影响是多么的大。

应该说我们的梦想只能在这样一个有限制的区域内，但这个区域依然很广阔。也就是说，我们选择的余地依然很大。大家应该都明白一个道理，站得高看得远。你的见识影响着你对未来的设想，简单地说，这是一种近似模仿的过程。当然，拥有相同见识的两个人，他们最终所追求的梦想也不一定相同。所以，在观察见识和最终确立梦想之间，还有一个因素贯穿始终，那就是人的本心和价值观念。本心的改变会比见识所带来的改变困难得多。所以可能有很多人会发现，自己所追求的东西虽然不断地变化，但似乎都有共性。人的最初的想法是不受任何限制的。按照大小排序，应当是客观因素最先，其次是见识，再次是本心。

中国的大部分学生在高考之前都无法确定自己未来的人生道路。我们一直说追求梦想，但现在的我们还处在收拾行囊的阶段，也就是决定自己的梦想究竟是什么，决定带什么东西出发。作为一个终将成为既定事实的东西，高考的成败是客观因素，但也是我们唯一能改变的客观因素。高考的成败，决定着你能走什么样的道路，也决定着你出发后能有多少盘缠供你旅行。哪怕你今后的梦想需要的分数再低，你都不应该因此荒废高考。

最后一句话激励大家也是激励我自己：改变不了的东西我们不去纠结，能够改变的我们要拼命争取。

——合肥八中 2017 届毕业生徐国礼

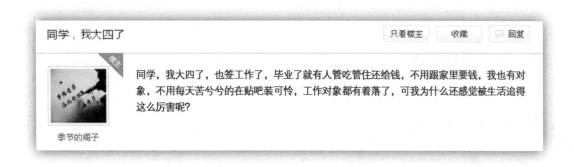

"悔过励志帖"

这是 2013 年 2 月 20 日，一名叫做"季节的阁子"的网友在"河北科技大学贴吧"里发的帖子，名字叫做《同学，我大四了》。"季节的阁子"持续发布了自己作为一名即将毕业的大学生所感受到的就业压力，描述自己在找工作过程中遇到的种种挫折和不如意，至此，他才回忆起自己在大学里被蹉跎的岁月，为自己大学四年就这样浑浑噩噩地过去了而感到后悔和遗憾，他用自己的亲身经历向我们证实，要提前对自己的学习和生活进行规划。

这则帖子一发出，就有上万名网友跟帖，可见，大学生中无目标无计划的现象非常普遍，他们对未来一片茫然。

"古典"的大学四年

与"季节的阁子"不一样的是古典，他的长相跟他的名字一样，非常"古典"，但他却走了一条与众不同，非常"时尚"的路。

他的本科专业是土木工程，这个专业是按照父母的意愿选的，而他自己喜欢的是艺术设计。当一个人处于一个自己不感兴趣的环境的时候，是非常难过的。古典这样形容他当时的感受：绝望，黑暗，看不到边的黑暗。刚入大学的第一天，当他一页一页翻着刚发的新书，看着舍友激动愉悦的表情，听着他们为梦想侃侃而谈，他意识到，此时此刻的自己，也许应该做点什么。于是，他问自己："古典，大学四年，你想要什么？生活给你想要的了吗？如果没有，那你为什么不去创造呢？"当他这样问自己的时候,他发现,脑海中的想法一个一个冒了出来,比如创建自己的乐队,比如考驾照,比如骑单车去旅行,比如到全世界最高的地方和最深的地方去等,虽然有些跟自己的专业无关,但是对他来说是有意义的。

就这样,他为自己的大学四年做了一个详细的规划,并按照自己的规划一步一步前进着。现在,他成为了一名优秀的职业规划师,他一直走在实现自己梦想的道路上。

目标的力量: 选择性注意

如果说"季节的阁子"与古典起点相同的话,那么,是否有规划的意识,是否专注于自己的目标,是否为自己的目标去行动,造就了他们现在的不同。目标的力量是强大的,因为它可以调动你身体内部所有的资源。在身体资源被调动的情况下,你会发现与众不同的效果。真的是这样吗?

请正在阅读的你闭上眼睛,稍微休息一下,回忆一下近期你身边有没有人穿红色的衣服,有多少人穿了红色衣服?你有什么样的发现呢?你会发现虽然红色在人群中一般会很显眼,但是当你回忆的时候却没有注意到,红色的信息被我们自动忽略了。因为我们觉得这些信息不重要,这就是我们人类的选择性注意。选择性注意是指人们在同时存在的两种或两种以上的刺激信息中,选择一种进行注意,而忽略其他。所以,当没有人提示要注意红色信息时,它就被忽略了,因为它不是一个"目标"。当红色成为"目标"时,不仅在今天你会格外注意谁穿了红色衣服,在未来几天,你都会无意识地关注身边谁穿了红色衣服。如果我们把注意力看成是一种能量的话,那么很明显,目标帮助我们集中了能量。所以,当一个人的生涯中有目标时,他就容易集中所有能量和资源去实现,成功的可能性也就更大。

我的未来是梦吗?

在经历了紧张激烈的中考之后,我们满怀着信心与希望,迈进理想中的高中校园。但是,随着新鲜感的褪去,我们发现,高中的学习任务比我们想象中的还要繁重,新的人际关系把我们搞得焦头烂额,生活方式和节奏也发生了巨大的变化。这一切让我们一时之间难以适应,自信心受到史无前例的严重打击,我们对自己的认识变得模糊,对未来感觉茫然、无助、看不到希望。

小强(化名),男,高一,数学课代表。他为人热情、忠厚,乐于助人,学习认真踏实,成绩在班里名列前茅,在年级也是位于前列。但是,他对自己的满意程度很低,内心也很挣扎,找不到学习的动力,不知道自己为什么学习。同时,受周围同学和环境的影响,还一度质疑学业的重要性,认为学习没有用。由于小强对自己的目标不是特别清楚,在高一学期末文理分科的时候非常迷茫,不知道该如何选择,甚至有一段时间迷恋上了电脑游戏和小说,他很苦恼,想摆脱现状。

那我们一起来看,小强为什么有如此强烈的心理冲突?优秀的学习成绩难道不能成为他继续向前的动力吗?在学习成绩的背后,又隐藏着什么动机?同时,反思一下你自己:目前的你,跟你理想的状态有无差距?那么这种差距来源于什么?高中阶段的我们,有时候是不是也会跟小强有类似的状态,会时不时吐槽一下学习的永无止境,会偶尔对学习产生放弃的心理,甚至会质问自己,为什么想努力却没有劲头,以至于每天总是停留在想的层面上。

我们不妨帮助小强来作一下自我的澄清,在阅读本书的你,也可以顺便理清一下你自己,你需要认真回答以下几个问题,最好把它们写下来。

(1)我是谁?我有哪些兴趣和爱好、优点和不足?

(2)我为什么是这个样子?

(3)我现在处于哪个发展阶段?

(4)我想做什么?我能做什么?

(5)我要到哪里去?

(6)我如何做?我如何达到期望?

刚开始你在回答这几个问题的过程中,可能会有些困难,甚至不知道该如何回答。没有关系,不要着急,我们就是通过这几个问题来帮助你理清思路,反思自己,建立目标。

这就是生涯规划"6W"规划表,小强对自己目前的状态表示不满,甚至对自己的未来产生怀疑的根本原因就在于,他对自己目前的认识还不够清晰,对自己的未来规划也比较模糊。通过生涯规划表,小强对自己的认识逐渐明晰,快乐学习已不再是梦。

实现梦想第一步: 制定目标

你有梦想吗?你的梦想是什么?科学家?医生?去全世界旅行?到原始森林?你会发现,小时候我们对梦想的概念很清晰,我们会无所顾忌,自信坦然地说,我要当什么什么,我要到哪里哪里,我要成为什么什么。随着年龄的增长,有些非常美好的梦想似乎变得模糊了,那么,你有没有重新考虑过你的梦想呢？此时此刻的你，需要调整修正你的梦想吗？你是离梦想越来越近，还是越来越远了？梦想仅仅是梦吗？不！实现梦想第一步，制定你的目标。目标（goal）一词最早来源于体育界，最初的意思是终点，例如球门，后来泛指努力或奋斗要达到的目标。确立目标是制定职业生涯规划的关键，是制定职业生涯规划的核心。

在学习和生活中，我们可以将目标确定为一种工具，让我们在做事时先考虑做事的目的。为了实现自己的梦想，要学会制定目标。

很多人都知道制定目标的重要性，并在不断尝试制定自己的目标。很多同学也正走在制定目标并且不断实践的道路上，老师也在反复给我们呈现，有目标就有动力，一定要制定一个适合自己的目标。新学期开始了，每个同学都给自己制定了学习目标和计划，你的高中生活有规划吗？

当你每个学期都会主动制定这样一个目标计划表的时候，恭喜你，你已经走在制定目标的道路上，并且离自己的梦想越来越近了。但是，我们平时在生活中会经常遇到这样的情况和疑问，比如，虽然我有目标，为什么却感觉学习越来越没有动力？又比如，我有远大的理想，但是为什么感觉越来越累？再比如，为什么我感觉学习效率越来越低？问题到底出在哪里？下面是新学期三个同学的学期目标和计划，我们一起来看一下吧。

甲同学：

目标：好好学习，天天向上。

计划：下午七点半：到家写作业；八点半：吃饭；九点：复习语文；九点半：复习化学；十点半：复习物理；十一点半：复习数学和英语；十二点半：睡觉。

乙同学：

目标：重点提高数学和英语。

计划：每天花一个半小时做数学题，另花一个半小时做英语练习。

丙同学：

目标：全面进步，张弛有度。

计划：每天放学后，吃饭半个小时，休息半个小时，写作业一个半小时，再花三个小时复习其他功课。

请你思考：以上这三位同学，他们的目标合适吗，有效果吗？

可能很多同学在学习和生活中都有这样的体会：

反复纠结为什么总是"计划赶不上变化";

为学习没有动力、没有方向而苦恼烦闷;

厌恶自己为什么每周末总是眼睁睁地看着自己在看电视中度过;

对自己无法克服某些行为的表现深恶痛绝;

当这样的问题出现的时候,请你考虑:是不是你的目标有问题?它是否真的适合自己?

如何确定目标?

1952 年 7 月 4 日清晨,加利福尼亚海岸下起了浓雾。在海岸以西 21 英里的卡塔林纳岛上,一个 43 岁的女人准备从太平洋游向加州海岸。她叫费罗伦丝·查德威克,游过许多有名的海峡,比如英吉利海峡,如果这次能够成功游过,那么她就是第一个游过这个海峡的女选手。

那天早晨,雾很大,海水冻得她身体发麻,她几乎看不到护送她的船。时间一个小时一个小时地过去,千千万万人在电视上看着。

15 小时之后,她又累,又冻得身体发麻。她知道自己不能再游了,就叫人拉她上船。她的母亲和教练在另一条船上。他们都告诉她海岸很近了,叫她不要放弃。但她朝加州海岸望去,除了浓雾什么也看不到……

人们拉她上船的地点,离加州海岸只有半英里!后来她说,令她半途而废的不是疲劳,也不是寒冷,而是因为她在浓雾中看不到目标。查德威克小姐一生中就只有这一次没有坚持到底。两个月后,她成功地游过了同一个海峡,她不但是第一位游过这个海峡的女性,而且比男子的记录还快了大约两个钟头。

所以,目标要看得见,够得着,才能成为一个有效的目标,才会形成动力,帮助我们获得自己想要的结果。

在学习和生活中,我们在制定目标的时候,经常会犯一个错误,就是认为目标定得越高越好,认为目标定得高了,即便只完成了 80% 也能超出自己的预期。实际上,这种认识是有问题的,制定目标是一回事,完成目标又是另外一回事,制定目标是明确做什么,完成目标是明确如何做。一个有效的目标,需要具备以下几个要素:

1. 明确、清晰、具体

有人曾经做过这样一个试验,他把一批人分成两组,安排他们去完成跳高这项运动。这两组人的个子、弹跳力等各方面都差不多,先是要求他们一起跳过 1 米的高度。然后,分配新的任务,第一组的任务是跳过 1 米 2,第二组的任务是"跳得更高"。经过一定时间的练习之后,第一组的人都跳过了 1 米 2，而第二组的人，只有少数跳过了 1 米 2，这就是有和没有具体目标的差别所在。我们来对比一下：

模糊目标	具体目标
获得良好的教育	2015 年获得某大学录取通知书
提高自己的修养	每天冥想 15 分钟
改善自己的外形	接下来 6 个月减掉 5 公斤

那我们再来看看我们在本章前面提到了甲乙丙三位同学的目标，你觉得怎么样？当这个目标放在任何一个人身上都适用的时候，那么我们说，这个目标是没有效果的，因为它不够清晰具体。你的目标越具体，你在工作和学习中的动力就越足，状态也就越好。

所以，在制定目标的过程中，你的目标应该是具体的可观察的行为或是可衡量的结果，不要太抽象。提到目标，如果你一时之间觉得头脑空空，不知道自己的具体目标是什么，那么，就请你来考虑一下，你想从生活中得到什么东西，这样你就会有一些模糊而理想化的想法。如果我们仅停留在那个模糊的阶段，感觉到迷茫，那么就请你对你这些想法进行整理、排序，你的目标就会慢慢显露出来。

2. 有时间期限

简单地说，目标就是给梦想加上一个期限。比如说，我的目标是将在 2014 年 12 月完成某个任务，这个时间期限的设定可以根据工作任务的难度、权重、轻重缓急等，拟定出完成目标项目的具体时间要求，并要定期检查任务的完成进度，及时掌握任务的进展变化等情况，以便对自己的目标作及时的调整。

3. 可达成——跳一跳能够够得着

多年前在美国进行了一项成就动机的试验，在这个实验中，有 15 个人被邀请参加一项套圈的游戏。游戏是这样设置的：在房间的一边钉上一根木棒，给每个人几个绳圈，要求套到木棒上，离木棒的距离可以自己选择。站得太近的人很容易就把绳圈套在木棒上，而且很快就泄气了；有的人站得太远，老是套不进去，也很快就泄气了；但有少数人站的距离恰到好处，不但使游戏具有挑战性，而且他们也很有成就感。这跟我们制定目标是一样的，目标太高，经过很多努力，总是实现不了，你就慢慢丧失了斗志；目标太低，很容易达到，渐渐地你也会失去兴趣。所以，我们在制定目标的过程中，跳一跳刚好够得着的目标才最具有吸引力。就像三分线上投篮一样，不是每次都能投进，也不是每次都投不进，正是因为跳一跳，练一练，努力努力，就能实现，就能投进，所以，三分线上投篮也最有魅力。

4. 建立在正确的自我评估的基础上

制定目标为自己的未来勾画一张蓝图,描绘到达最终目的地的时间和要求,但究竟如何起步,还得从自身的现状出发。因此,要充分分析自己目前的情况。如自己有哪些优势和不足,如何发挥优势,克服不足;自己的各科潜能如何,是否已经充分发挥出来了;自己各科成绩如何,偏科情况如何,如何补救;自己的学习毅力和勤奋程度如何;自己的学习方法和学习效率怎样,需作哪些改进等。

SWOT(基于内外部竞争环境和竞争条件下的态势分析)是一种能够较客观而准确地分析和研究个人现实情况的方法。利用这种方法可以从中找出对自己有利的、值得发扬的因素,以及对自己不利的、应该避免的东西,发现存在的问题,找出解决办法,并明确以后的发展方向。SWOT 四个英文字母分别代表

优势 Strength	弱势 Weakness	自身条件
机会 Opportunity	威胁 Threat	外部环境

Strength、Weakness、Opportunity、Threat,意思分别为:S,强势、优势;W,弱势、劣势;O,机会、机遇;T,威胁,对手。从整体上看,SWOT 可以分为两大部分:第一部分为 SW,主要用来分析内部条件;第二部分为 OT,主要用来分析外部条件。另外,每一个单项如 S 又可以分为外部因素和内部因素,这样就可以对情况有一个较完整的概念了。请大家按照以下 SWOT 分析步骤,结合自己的实际情况,谈谈如何通过自我教育来变劣势为优势,变威胁为机会。

① 罗列自己学习上的优势、劣势及可能遇到的机会和威胁。

优势:＿＿＿＿＿＿＿＿＿＿＿＿＿＿＿＿＿＿＿＿＿＿＿＿＿＿＿＿＿＿＿

劣势:＿＿＿＿＿＿＿＿＿＿＿＿＿＿＿＿＿＿＿＿＿＿＿＿＿＿＿＿＿＿＿

机会:＿＿＿＿＿＿＿＿＿＿＿＿＿＿＿＿＿＿＿＿＿＿＿＿＿＿＿＿＿＿＿

威胁:＿＿＿＿＿＿＿＿＿＿＿＿＿＿＿＿＿＿＿＿＿＿＿＿＿＿＿＿＿＿＿

② 将自己的优势、劣势与机会、威胁相结合,形成 SO、ST、WO、WT 策略。

③ 对 SO、ST、WO、WT 策略进行分析,以确定自己目前在学习上应该采取的策略。

了解了这些,我们需要在前期了解自我的基础之上,完成自己的分析表,分清自己的优势和不足,强项和弱项,并根据自己的分析,制定自己的目标。比如,你的语言智能占优势,那么你在制定目标的过程中,不妨把语言智能发挥到极致,并利用此优势,帮助自己更好地实现目标。

5. 符合社会需要

2009 年,《中国教育报》上刊有一则消息,某中学一名多次在世界数学奥赛中夺得金牌的学生,报考一外国名校。面试时,双方对话如下:

考官：你报考我校的目的是什么？

学生：为了以后好找工作，能挣钱，买房子，买汽车，过上好日子……

如果你是考官，你会录取他吗？为什么？

学校承担着向社会输送人才的任务，每一个走向社会的人都需要承担起相应的责任。只有个人需求与社会需求相适应，我们个人才能得到很好的发展。

由此，我们想到有这样一个人，她叫杨丽娟。从 16 岁开始痴迷香港歌手刘德华，此后辍学开始疯狂追星。杨丽娟的父母劝阻无效后，卖房甚至卖肾以筹资供她多次赴港、赴京寻见刘德华。2007 年 3 月 22 日，杨丽娟赴香港参与刘德华歌友会，实现了夙愿：跟偶像合照。不过，其父最后由于杨丽娟的"追星"行为而跳海身亡。

她有目标吗？有。

她为自己的目标付出努力了吗？付出了。

她的努力有收获吗？有。

那么，她的目标有问题吗？当然是有问题的。没有符合社会最基本的需要，甚至牺牲了家人的利益。所以，我们在制定目标的时候，除了考虑目标本身的因素和自己的兴趣优势之外，还要考虑社会的需要、就业前景等。

6. 可以在过程中拥有（也是如何来达成你的目标）

有个同学问老师："老师，我的目标是在一年内赚 100 万元！请问我应该如何计划我的目标呢？"

老师便问他："你相不相信你能达成？"他说："我相信！"老师又问："那你知不知道要通过哪个行业来达成？"他说："我想从事保险行业。"老师接着又问他："你认为保险业能不能帮你达成这个目标？"他说："只要我努力，就一定能达成。"

"我们来看看，你要为自己的目标做出多大的努力，根据提成比例，100 万元的佣金大概要做 300 万元的业绩。一年 300 万元业绩。一个月 25 万元业绩。每一天 8 300 元业绩。"老师说，"每一天 8 300 元业绩。大概要拜访多少客户？"

老师接着说："大概要 50 个。那么一天要 50 个客户，一个月要 1 500 个客户；一年呢？就需要拜访 18 000 个客户。"

这时老师又问他："请问你现在有没有 18 000 个 A 类客户？"他说："没有。""如果没有的话，就要靠陌生拜访。你平均一个人要谈上多长时间呢？"他说："至少 20 分钟。"老师说："每个人要谈 20 分钟，一天要谈 50 个人，也就是说你每天要花约 16 个小时在与客户交谈上，还不算路途时间。请问你能不能做到？"他说："不能。老师，我懂了。这个目标不是凭空想象的，是需要凭着一个能达成的计划而定的。"所以，目标必须在过程中时时刻刻可以拥有，也正是这种拥有让我们有不断前进的动力，而这些过程也就是我们平时所说的计划，从这个角度来说，目标不是孤立存在的，目标是与计划相辅相成的,目标指导计划,计划的有效性影响着目标的达成。所以在执行目标的时候,要考虑清楚自己的行动计划,怎么做才能更有效地完成目标,是每个人都要想清楚的问题,否则,目标定得越高,达成的效果越差!

如何实现目标?

（1）写出不同阶段的目标。

要想全面地预见自己的未来,你就要写出：

① 长期目标。代表你人生的重大目标,可能需要你用五到二十年的时间来完成这些目标,有时,甚至会用一生的时间来实现,包括教育、职业、人际关系、旅行和财产安全等方面。在制定长期目标的时候,思考：你希望自己这一生取得怎样的成就？ 有没有一句话能够概括你的人生追求？ 如果有,是什么？

② 中期目标。指那些能在一年到五年的时间里实现的目标,比如说完成一门课程的学习,或者是达到某个具体的名次或者职位等。中期目标是长期目标的支撑。

③ 短期目标。短期目标是指能在一年以内实现的目标,是非常具体,而且是可以达到的。比如参加一次演讲比赛,完成一次旅行或是某个节日与家人聚会,经济上可能是希望账户里能有一个具体数额的存款等。

（2）管理好自己的时间（参见时间管理）。

（3）马上展开行动。

为了提高成功的概率,我们需要马上行动,让制定目标和着手行动去实现目标之间不要间隔太长时间。如果你忘了你的目标,那就要展开行动回到正确的轨道上来。有一个方法可以将制定目标和时间管理结合起来,那就是,针对每一个短期目标,写出你即刻就能开始执行的各个小步骤,把这些小步骤整理为一个每日任务清单,如果你想在某个特定日期之前完成这些任务,就在日历上标出这个日期。然后在接下来的时间里,就要反复核对任务清单的日历,必须全力以赴,努力达成目标。如果将你的目标告诉一两个亲近的朋友,那么,就会有助于你坚守诺言。

在实现目标的过程中,对任何失败的原因都要抱现实的态度。人们有将失败归因于外部因素（如运气不好）,而不是内部因素（如没有努力工作）的倾向。只有诚实对待自己,将来成功的机会才能显著提高。除此之外,要有定期反馈,或者说,需要了解自己向着预定目标前进了多少。

大家要注意的是,大多数人总是在没有做这件事之前信誓旦旦,但是一旦这件事情真正做起来,往往就只有三分钟热度,或者"三天打鱼,两天晒网"。所以,我们要坚持不懈地向着目标前进。

① 确认实现目标的障碍,并依"难度"设定优先顺序。

确认障碍,是为了有备无患,从容不迫。同时要记住:障碍是来帮助我们学习成长的,而不是来阻碍我们的。每一次成功都在障碍之中,也就是说,达成目标的过程,其实就是克服障碍的过程。

② 确认对实现目标有帮助的人和团体。

充分调动一切可以调动的力量和因素,来帮助自己实现目标。

③ 找出解决障碍的方法。

对关键性障碍应找出不低于五个解决方案,对其他每个障碍都要找出解决方法。

④ 按期评估与考核。

没有评估和考核,一切目标都会"夭折",设定目标也就没什么实际意义了。

试着去完成《我的高中企划案》吧。

我的高中企划案

我在哪里? (正确评估自我)	1. 我周遭的环境(大环境、小环境) 2. 我的性格特质 3. 我的人格特质(思想道德规范、社会责任感) 4. 我的兴趣爱好 5. 我的专业特长 6. 我的理想大学、职业 7. 我的优点(学业、生活) 8. 我的缺点(学业、生活)
要去何方? (制定学业目标)	1. 培养良好的学习习惯 2. 调整健康积极的学习心态 3. 磨练持之以恒的坚强毅力 4. 培养自主、自觉的学习能力 5. 增强团队合作与竞争意识 6. 培养对"学习"的兴趣

续 表

如何达到? (具体行动计划)	1. 坚持每天科学记录各种笔记,订正作业,认真书写作业 2. 阅读励志小故事,心理咨询排解困扰 3. 每天坚持背 10 个单词 4. 安排好每天中午自修内容 5. 报名参加校园文化活动、找一个同一学科的竞争对象与他比拼

活动体验(一):我的梦想

很多同学都有自己的大学梦,请大家通过回答以下问题来理顺自己的大学梦。回答过这些问题之后,请同学们搜集与自己的回答相关的信息和资料,并寻找机会向师长们请教相关的经验及他们对大学校园文化生活的体验,提前为实现大学梦想做好准备。

问题	回答
我的兴趣有哪些?	
我最喜欢的城市是哪里? 为什么?	
我最想读的大学是哪所? 为什么?	
我最喜欢的专业是什么? 为什么?	
我最喜欢的职业是什么? 为什么?	

活动体验(二):我的高一规划书

我最喜欢的名言警句:			
时间	学习目标	能力及素养培养	反思
高一上学期期中			
高一上学期期末			
高一下学期期中			
高一下学期期末			

活动体验(三)：我的梦想规划书(高三)

姓名		班级		年龄	
测试 结果	性格				
	特长				
	匹配的职业				
自我 描述	性格				
	兴趣				
	特长				
家庭 因素	外部条件				
	父母希望				
个人 理想	理想的职业				
	理想的大学				

我目前的现状

实现理想需要做好的准备有：

1.

2.

3.

4.

5.

为此,我将高三分为 　　　　个阶段,分步计划如下：

步骤	具体内容
一	
二	
三	

目前我最急需解决的问题是：

对于上述规划我	很满意( )	较满意( )	不清楚( )	不满意( )

活动体验(四)：我的毕业日志

目的：思考生命的意义,思考自己的中学生活应该如何度过。

步骤：

1. 请想象你即将毕业，要给自己写一个毕业日志，回忆自己的中学生活，同时这份日志要留给母校，供自己的学弟学妹看。

2. 毕业日志要包括以下几点：

（1）一生最大的目标；

（2）在中学阶段的追求及成就；

（3）对学校、家庭或其他人的贡献。

活动体验（五）：生涯幻游

首先，请你调整你的姿势，以你觉得最舒服的姿势坐着，闭上你的双眼，放松，深呼吸，放松，我们一起坐在时光隧道机里，来到五年后的世界，也就是公元＿＿＿＿年的世界。算一算：这时你是几岁？容貌有变化吗？请你尽量想象五年后的情形，越仔细越好。

现在，你正躺在家里卧室的床上。这时候是清晨，和往常一样，你从睡梦中醒来，慢慢地睁开眼睛，首先看到的是卧室的天花板。看到了吗？它是什么颜色？

接着，你准备下床。尝试去感觉脚指头接触地面那一刹那的温度，凉凉的？还是暖暖的？经过一番梳洗之后，你来到衣柜前面，准备换衣服上班。今天你要穿什么样的衣服上班？穿好衣服，你看一看镜子。然后你来到了餐厅，早餐吃的是什么？一起用餐的有谁？你跟他们说了什么话？

接下来，你关上家里的大门，准备前往工作的地点。你回头看一下你家，它是一栋什么样的房子？然后，你将搭乘什么样的交通工具上班？

你快到达工作的地方，首先注意一下，这个地方看起来如何？你进入工作的地方，你和同事打了招呼，他们怎么称呼你？你还注意到哪些人出现在这里？他们正在做什么？

你在你的办公桌前坐下，安排一下当天的日程，然后开始上午的工作。上午的工作内容是什么？跟哪些人一起工作？工作时用到了哪些东西？

很快地，上午的工作结束了。中餐如何解决？吃的是什么？跟谁一起吃？中餐还愉快吗？

接下来是下午的工作，跟上午的工作内容有什么不同吗？你在忙些什么？

快到下班的时间了，或者你没有固定的下班时间，但你即将结束一天的工作。下班后你直接回家吗？或者要先办点什么样的事？或者要做一些什么其他的活动？

到家了。家里有哪些人呢？回家后你都做些什么事？晚餐的时间到了，你会在哪里用餐？跟谁一起用餐？吃的是什么？晚餐后，你做了些什么？跟谁在一起？

就寝前,你正在计划明天参加一个典礼的事。那是一个颁奖典礼,你将接受一项颁奖。想一想:那会是一个怎么样的奖项? 颁奖给你的是谁? 如果你将发表得奖感言,你打算讲什么话?

该是上床的时候了,你躺在早上起床的那张床上。你回忆一下今天的工作与生活,今天过得愉快吗? 是不是要许个愿? 许什么样的愿望?

渐渐地,你很满足地进入梦乡。睡吧! 一分钟后,我会叫醒你……

(一分钟后)我们渐渐地回到这里,还记得吗? 你现在的位置不是在床上,而是在这里。然后,现在我从 10 开始倒数,当我数到 0 的时候你就可以睁开眼睛了。好,10 - 9 - 8 - 7 - 6 - 5 - 4 - 3 - 2 - 1 - 0。睁开眼睛。你慢慢地醒过来,静静地坐着。

我五年后从事的工作的描述:

1. 工作是_____。

2. 工作内容是_____。

3. 工作的场所在_____。

4. 工作的场所周围的环境_____。

5. 工作的场所周边的人群_____。

我五年后的生活形态的描述:

1. 婚姻状况　□已婚　□未婚　□其他_____。

2. 家中成员有子女_____人　□父母同居　□其他_____。

3. 居住的场所在_____。

4. 居住场所周围的环境_____。

5. 居住场所周围的人群_____。

请说明下列问题:

1. 我在进行幻游过程中,印象最深刻的画面是_____。

2. 我在进行幻游后,对比现在环境最大的不同点是_____。

3. 我在进行幻游后,最深的感受是_____。

在进行幻游后,我觉得未来的生涯发展会是怎样的?

1. 我认为我未来会从事_____职业。

2. 我认为我的未来与幻游过程_____。(相关程度如何)

第八节 我的时间我做主——时间管理

　　培根曾说过："合理安排时间,就等于节约时间。"进入高中以来,面对繁重的学习任务很多学生明显感到了时间不够用,总是像摆钟一样在新课、作业、复习之间来回摆动,他们觉得学习的压力很大。仔细观察,我们会发现:同样的时间同样的作业,有的同学来不及做总埋怨时间不够,有的同学却不但把作业做完,还能从中挤出时间复习,差距咋就这么大呢? 这说明很多学生不知道怎样合理安排时间,也有一些学生至今没有意识到时间的重要性和紧迫性,做事情总是磨磨蹭蹭,喜欢拖延。为此,老师们深感头痛,反复地讲要珍惜时间,想引起一些学生的重视。但反复的说教只会引起学生的逆反心理,最重要的是让学生感受时间的流逝,懂得珍惜时间,在单位时间里做事效率达到最高,并且能养成合理利用时间的好习惯,使自己受益终身。

老师在上班会课

下面,我们来看看这两位同学的时间安排,看看能不能从他们身上找到自己的影子。

"小"时间管理之道

作为高中生,我们的生活应该是紧凑而有序的,因此,这就需要我们拥有时间管理能力,合理计划自己的时间。下面,我将介绍我的有关时间安排的心得。

首先是零碎时间的安排,每天早上起床的第一件事情就是放英语听力,然后再去洗漱。因为要干其他的事情,所以听力不一定能完全听懂,但是我会尽量去理解。早上的听力最重要的作用是营造一个语言环境,培养自己的语感。

其次是早自习的利用。早自习时,老师一般会安排一些任务让我们完成。我一般会在头一天晚上,就先熟读早自习要背的内容,这样第二天背诵就会容易得多。因此,我的早自习一般会提前完成任务。剩下的时间,我会用来记忆一些零散的知识,例如语文的课下注释或者英语的单词、固定搭配等,这样,零散的知识就不会被遗漏。

晚自习前后时间的利用同样很重要。下午放学时,食堂人很多,吃饭往往要排长队。所以,放学后,我往往会在教室里写一项耗时短的作业,写完之后再去吃饭,这会让我省出排队的时间。饭后,我通常会去操场散步,这能使我更加放松,从而提高晚自习效率。晚自习期间,每做完一项作业,我会适当休息,让大脑放松一两分钟再继续学习。

晚自习后,作为走读生的我,回家也会自习四十分钟左右,看一看自己买的教辅,或者完成晚自习没有写完的作业。由于我有考雅思的想法,所以每晚我利用口语陪练的app,花半小时练习口语或者读一篇英语美文,保证我每天都有相关的输入。正是由于有练习口语的意识,每次上课时,老师当堂布置的与口语相关的任务,我都认真及时完成,并且抓住机会积极展示和分享自己的成果。所以,我的口语比较流利,能和外教进行基本的交流。由于平时利用零散的时间进行点滴积累,有足够的输入,我的英语成绩在班级也是名列前茅的。所以,只有制订出适合自己的时间计划,才能高效利用时间,达到事半功倍的效果。

以上这位同学通过对学习时间的管理,取得了良好的效果,特别是在零散时间的管理方面有自己独到的见解。而她的同班同学,在时间利用方面却有很多的困惑。究竟是哪些困惑呢? 我们一起来看一看。

一只瘦弱小鸟的心声

"我是一只小小鸟,想要飞却飞不高。"在时间的利用方面,我感觉自己就像这只小鸟,总觉得无能为力,时间在我身边悄悄地溜走了。

首先从早读说起,早读的前15分钟时间我读书的效率较高,但最后的10分钟就会非常困,一点读书的欲望都没有。另外,我背书特别慢,我背一篇课文的时间够别人背三四篇了,而且遗忘的速度也特别快,听写时,我笃定这个单词是背过的,却完全想不起来了,这导致我不能完成早读课老师布置的任务,听写经常不及格,只能占用其他时间去背诵,然后导致其他学科的作业写不完,如此形成恶性循环。

另外,在上午,我这种昏昏欲睡的状态有时会持续到两节课后,并且上午12:00左右的最后一节课就会非常饿,完全无心听课。中午,有些同学会利用午休时间写作业,而我的午休时间都是在睡觉。然而,下午的第一节课我又感觉眼皮在打架,困得不行,可能是中午睡得多,反而不清醒。

晚自习前,我会在18:30左右到班级,一直到18:50的这段时间里,我都没有写作业,整理书,发发呆,不想开始写作业这一痛苦的过程。晚自习期间,我很少和别人说话,但经常会发呆,每次发呆的时间至少15分钟,由于课上效率不高,掌握的知识不熟练,有时写作业时还要翻书,这就导致写作业的速度很慢,所以,在晚自习快结束时如果当天的作业还没写完就只能糊弄一下交上去了。

在所有科目中,最让我畏惧的就是英语。上英语课时,老师用英语上课,大部分内容我都听不懂,基本上不是书本上的内容,我就只能配合着笑笑了,而且有时候,老师报的口头笔记我也记不下来,下课之后我又忘记了借同学笔记整理。另外,在平时做完形阅读时,我做得特别慢,一篇中等难度的完形阅读我要花40分钟左右的时间才能完成。遇到不会做的题目,我不懂得放弃,而是一直盯着,希望能够看出答案。

我自己内心很渴望能够搞好学习,得到老师的表扬,享受成功的喜悦,可是由于时间安排得不合理,导致学习效率低、效果差,尤其是英语,现在每次考试的排名几乎都是班级倒数了,这让我更加焦虑,更加没有信心了,我究竟该怎么办呢?

以上两位同学来自一个班级,进入班级时均名列前茅,经过一个学期的学习,第一位同学仍然能保持良好的状态,而第二位同学在学习方面感觉力不从心,学习效果也很不理想,这主要是源于他们时间管理方法不同。同学们,这就要问问你自己,你珍惜时间了吗? 你单位时间的利用效率高吗? 究竟是什么"偷走了你的时间"? 是发呆走神,易被外界事物干扰,还是未制定时间表或者无法坚持时间计划表。还有其他的因素吗? 那我们来看一看下面这位同学的烦恼。

拖延消耗的时间，让我和小伙伴们都惊呆了！

星期天，李同学在周六晚就订好了周日一天的计划：8 点半开始做数学和物理作业，之后听半个小时英语听力和课文录音，然后用半个小时上网浏览本周新闻，下午 2 点出发回校上 3 点的竞赛课。

9 点钟他准时坐在书桌前，看到桌上摆满了昨晚学习的书、资料还有英语报纸，特别凌乱，影响心情，就动手开始收拾，20 分钟后他的书桌变整洁了，心情也愉悦起来，虽然未能按原定时间开始学习，但他丝毫不后悔。于是便拿起数学资料准备开始做题，这时想起还是先完成数学老师布置的作业，因为下午回校要交，便打开电脑上 QQ 准备到班级群里问同学今天的数学作业具体要做哪些。打开班群一看，一同学在问有没有人玩 Dota，学习了一周先放松下再写作业，他心想有道理，休息好才能更高效地学习。便马上响应，和同学玩起了游戏，不知不觉一个多小时过去了，已经 10 点多了。他稍微有点不安，觉得还有那么多作业没有完成，心里有些负担，便下了 QQ。拿起数学题开始做，结果一开始就遇到了一道难题，研究了半天还是没有结果，心想与其这样浪费时间，不如先听英语听力，于是找出 MP4 开始听，听了 10 分钟，妈妈喊吃饭了，正好他也觉得饿了，就先吃饭了，补充了能量，再抓紧时间做作业。

午饭后，他马上就回房间，准备开始专心做作业了。但这时一老同学打电话来，因为好久不见了，便彼此报告一下最近学校发生的新鲜事儿，半个小时很快就过去了。这时他真的觉得要赶紧做作业了，要不回学校难以交差，便拿出物理书，可不一会儿，眼皮就开始打架，他想这正是午睡时间，养好精神才能提高学习效率，但又担心作业未做，便决定趴在书桌上睡一会儿再起来做，可一觉睡醒已经快两点了，他想剩下的时间不可能完成所计划的事情了，赶紧收拾东西准备去学校上竞赛课吧，作业晚自习再补吧。

讨论：导致李同学不能按计划行事的原因有哪些？

"习惯拖延"是最大的时间偷窃者，李同学的那个星期天就是典型的"时间拖延"个案。许多同学都因无法克服李同学那样的拖延恶习，以至于平时作业无法按时完成，考前焦虑，所以经常考前临时抱佛脚，每天摆出苦读架势，甚至中午不午休、晚上"开夜车"，而收效甚微。

结合以上案例，我们知道发呆走神、易被外界事物干扰、无法坚持时间计划表和习惯拖延，都是管理好时间的障碍。除了这些，还有哪些因素偷走了时间呢？

是谁悄悄地偷走了时间?

这是小华同学描述的她的经历。课余,在教室倚窗背诵英语课文,同时无意识地看着窗外景色。突然,窗外出现了雾霾时期难得一见的蓝天,同时栀子花开了,香味扑鼻而来,她的目光渐渐被窗外的美景吸引,忘记了自己的背诵,她的时间悄悄地被景色侵入,最后竟完全忘记了自己的任务。原本沉浸在学习活动中的她不知不觉地将注意力转到周围突发事件上了。时间就这样被偷走了。

找找你身边有哪些"偷走时间"的因素。

忽然被老师或班干分派工作、有亲戚来访、同学间的闲谈、发手机短信、看同学微博微信新动态、电话聊天、在决定先做哪科作业时用了好几分钟……

就这样,时间不知不觉流逝了。

概念认知

时间管理是指利用系列技能或方法来完成明确的任务和计划,达到一定的目标。时间管理的内容主要包括:制订计划,设定目标,对你花费的时间进行分析,记录时间分配的情况,确定事情完成的优先次序等。

曾听过这样一个笑话：有人帮全球首富比尔·盖茨算了一笔账，结果表明，就算将一张一万美元的支票掉在地上，他也不应该去捡。因为他完全可以利用这个弯腰的 5 秒钟赚更多的钱。这个故事说明管理时间就是管理我们的行为，我们要通过更积极、有效的行为让生命的每一天都更有价值。那么，我们应该如何管理，让我们成为时间的主人呢？

1. 时间管理的重要性

鲁迅先生曾经说过："哪里有什么天才，我是把别人喝咖啡的时间都用在写作上了。"世界一著名电脑公司的总裁，发现公司员工每天都非常繁忙，但奇怪的是，工作效率却很低。他找来一家咨询公司进行调查，结果发现，员工们的工作状态是：一件事没干好，身边又出现另一件事，于是扔下手头的事去干另一件事；另一件事没完成，其他的事又来了或者前面的工作在催着交工，于是又放下手头的工作，把时间、精力投入"另外"的事中……这样的工作效率也就可想而知了，人们也常称这种"忙"为"瞎忙"，也就是说，连自己也不知道在忙些什么。高中生如果不做好时间规划，也会陷入瞎忙的困境。

时间伴随着我们的一生，我们可以自由支配。我们无法阻止时间的流逝，但是我们可以充分利用时间，成为时间的主人。陶渊明说："盛年不重来，一日难再晨。及时当勉励，岁月不待人。"岳飞在《满江红》词里大声疾呼："莫等闲，白了少年头，空悲切！"2000 年前孔子的弟子曾子在《论语》中说："吾日三省吾身。"……这些其实就是最早的时间管理。要想在生活和学习上更高效，就要成为时间的主人。高中生自主学习的时间更多了，每天早读的 25 分钟，晚上 3 个小时 40 分钟的晚自习时间及每个课间都属于学生自己支配，管理时间等于管理我们自己。

2. 时间管理曲线法则

时间管理曲线法则是指在一个合理的时间段内，连续进行有固定模式的重复工作，工作效率会按照一定的比率递增，从而使单位任务量耗时呈现一条向下的曲线。要想提高效率，节省时间，应尽量集中处理性质相同的事务性工作，如一次性购齐一周所需的生活用品，一次性洗积累的衣物，劳动的小组连续值日一周，确定每人需要负责的区域，以便熟能生巧，这样既有利于提高工作的熟练程度，又能通过批量作业减少准备工作和中间环节占用的时间，从而达到节约时间、提高效率的目的。

另外，应注意学习任务的合理搭配。如高中生在做某一科作业一段时间后，感觉效率开始降低时，就应该及时切换到另一门学科，做完数学题可以复习英语，不同学科内容间隔复习，文理科交叉复习，从而使大脑的不同区域被轮流使用，这样既可以保持对学习的兴趣，又能进行积极休息，提高学习效率。

反效法则是指在超负荷工作过长的时间后，由于注意力不集中、头脑不清醒导致失误发生，造成难以弥补的损失或工作的延误，出现得不偿失的结果。反效法则告诫我们，必须掌控好工作与生活的节奏,做到有张有弛,每学习一小时就应该放下手中的工作,起来活动十分钟,通过运动促进脑部血液供应,保持精力充沛。因为太疲惫时学习效率很低,不如先让自己休息一会,放松心情,以便调整到最好的状态去学习。为避免反效法则的发生,应该养成一些良好的学习和生活习惯,如及时整理好自己有用的试卷和资料,避免随手丢弃。但最好的办法还是做好时间计划,对于紧急重要的任务,要未雨绸缪,早做打算,这样才会避免临时抱佛脚的现象。

3. 时间管理的技巧和方法

(1)与时间赛跑。

小沈阳曾说过:"眼睛一闭一睁,一天就过去了。眼睛一闭不睁,这辈子就过去了。"

一分钟可以读(读出声)180 个字;每天与时间赛跑 30 分钟,一年下来你就可以比别人多读 10—15 本书;

一个银行员一分钟能点 10 万多元现钞;

一个秘书一分钟能打 150 个字;

一个成年人一分钟可以走 55—65 米。

那么如果给你一分钟,猜想一下你能鼓多少次掌呢?

一分钟鼓掌体验活动:

先让学生猜自己一分钟能鼓掌多少次,再给学生 5 秒钟时间鼓掌,记录自己鼓掌的次数,再乘以12,得出的数目远远超出了学生估计的数目,学生体验到了时间的力量。一分钟是可以做很多事情的,我们生命中有很多个一分钟已经流逝了,此时,更应抓紧时间,与时间赛跑,按计划做好每天的事情。

学生一分钟鼓掌活动

（2）要制定科学有效的时间表并且坚持执行。

时间表具体可以分为学期时间表、每周时间表、每日时间表，三者相辅相成。

① 学期时间表。一般一学期是四次统一考试，高中生可以参考这一学校的学期计划来制订自己的学习计划，内容包括：这一学期规定的全部教学活动，如上课、考试、非限定性课程、社团活动等；一个人生活不可少的睡眠、饮食时间安排。填好这些内容之后，余下的空白则可结合自己的课程表，用于安排每周、每天的主要学习生活内容。学期时间表一学期编制一次即可。

② 每周时间表。可以根据当周的学习任务、学校活动和自身情况，对每周时间表进行充实。列出这一周要完成的几大块任务，如要准备物理小测验、英语听写等，再具体到每天。

③ 每日时间表。编制每日时间表，可按其重要程度依次排列；另外也可以利用"时间流程法"，按一天的时间发展，把每一时间段内要完成的事件写好，比如早上 7：10—7：20 背语文、英语课文，18：40—19：00，先写第二天要交的作业，19：30—23：10 上晚自习。当然，每位同学也可根据自己的实际情况，采用适合自己的时间管理办法。总之，要"今日事今日毕"，避免拖延。

④ 双休日、节假日时间安排。

平时的课余时间高中生安排得比较合理，而双休日、节假日有更多的时间属于自己，如何过得更有意义，高中生更要好好规划。下面是班级学霸周末时间的安排表：

周六晚：18：00—20：00	休息
20：00—23：00	写本周作业
周日上午：8：00—12：00	写本周作业
周日下午：13：00—14：00	整理一周笔记
14：00—15：00	数学竞赛题
15：00—17：00	物理、化学、生物辅导材料
17：00—17：30	预习英语词汇、短语

从上面表格可以看出，这一学生的时间安排得很紧凑。所以，在周末和假期中，要先安排学习的时间和任务，做到有备无患，未雨绸缪。

大多数同学都有制定时间表的意识，可最难的问题是如何将计划进行到底。

事实上在执行学习计划的过程中，既要有原则，又要灵活，注意技巧。

① 保持弹性和可变性。

我们在实施计划时，可能会遇到各种变化，需要作适当的调整。例如，对新学知识的难度估计不足，某一阶段集体活动太多等。因而，在制定时间计划表时，不能把时间绝对固定化，要有一定的弹性，这样才不至于在遇到意外情况时手足无措。

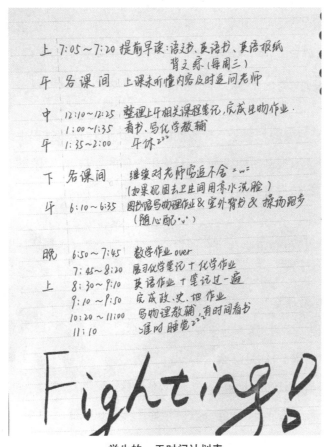

学生的一天时间计划表

② 要注意结合自己的实际。

·如果你的兴奋点在白天的话,就可以多安排一些白天时间来学习,晚上多安排一点时间来休息;如果是"夜猫子",就可以晚上多安排一些学习时间,并把难度较大的任务安排在这一时间,中午安排一些时间来休息。

③ 及时检查并修改计划。

生活和学习应该形成规律,但也不可能像机械运动那样,周而复始,一成不变。当时间计划执行到一个阶段以后,就应该检查一下学习的效果,并对原计划中不适宜的地方进行调整。一个新的更适合自己的时间计划,将会使你今后的学习更加有效! 检查内容有:是不是基本按计划去做? 计划任务是否完成? 学习效果如何? 没完成计划的原因是什么? 什么地方安排得太紧? 哪些环节安排太轻松? 等等。通过检查,再修订计划,改变不科学、不合理的地方。

④ 巧用符号,帮助自己执行计划书。

把计划书放在显眼处,如贴在课桌上,严格执行。并且,每天完成后可以标上个自己喜欢的标志以增加成就感。比如,可以把完成过的任务用红笔划掉,用星号标示,或完成后打钩。当一天的计划表被划完的时候,任务也就完成了,会觉得分外轻松,非常有成就感。

⑤ 建立奖惩制度,请老师、同学和家长监督。

若时间把握得好,奖励自己,给自己买一直想看的漫画书或喜欢的零食,强化这种有效的行为,让自己体会完成任务的愉悦感,反之惩罚。并且树立自信,相信我一定能坚持。有目标,就有动力,树立内心最渴望的目标。

养成一个良好的管理时间的习惯是一个长期的过程,并且在这一过程中最重要的就是坚持,说起来容易做起来难,但只要大家提高时间管理意识,采用合理的方法,在有限的时间内提高学习效率,每个人都可以超越过去的自己,做最好的自己。

(3) 高效利用课堂时间。

学生对学习时间的掌控也必须要有一套切实可行的计划,需要把学习任务具体分配到每一月、每一周、每一天。

① 课前三分钟,你在做什么?

预习;复习;准备好相关学习用品,迅速进入上课状态。

② 在提高课堂学习效率上,你是怎么做的?

在课堂上,当老师布置的任务你已经完成了,你在做什么?

学生的大部分时间都在课堂上度过,一般一年要上 1 200 节课,共 900 小时,若课堂时间管理不好,听课效率不高,学习就事倍功半,效果大打折扣。据心理学家统计,15—18 岁的高中生可使注意力稳定 40 分钟,但同学们在上课时分心、走神的现象还是较为普遍的。为了提高课堂学习效率,可以课前预习,找出重难点,以便上课时有的放矢。另外,还要掌握正确的听讲方法,处理好听讲与做笔记的关系,先听讲,理解老师所讲的内容,再有针对性地记笔记。还有,要重视并参与课堂讨论,踊跃回答老师提问,及时巩固知识,力争当堂消化。

③ 你是如何安排晚自习时间的? 当晚自习你已完成了当天的作业,你是怎样度过的?

按遗忘规律复习,遗忘规律是先快后慢,所以要课后及时复习。长时间学习一门功课,会使大脑皮层的兴奋点固定在一个区域,容易造成大脑疲劳,影响学习效果。所以不同学科内容间隔复习,进行积极休息,有利于使大脑皮层交替兴奋,提高学习效率。

按生物节律安排学习内容:精神好时完成学习难度大的内容,如晚自习这样的整块时间,在很安静的环境里就可以完成英语完形填空、阅读理解这样需要精神高度集中的作业。轻微疲劳时完成学习难度小的,如课间可以看语文老师布置的课外阅读。

过度学习:复习量达到 150%时,记忆效果最好。

善于借用外力,及时向老师和同学请教,解决难题,绝不不懂装懂,积累问题。

（4）善于利用零散时间。

争分夺秒背单词

小锋是班上最刻苦的几个学生之一,他的成绩名列前茅,科科优秀,但他入学时英语并不好。为此他自制过一个小本,正面是英语单词,反面是中文解释,苦记硬背,看到理解了的英语单词就翻过去,否则就看反面的中文解释。走在路上时,去食堂吃饭排队时,外出等公共汽车时他都在争分夺秒背单词,英语水平很快就上去了,他的勤奋刻苦终于收获了实效。而他对时间的精打细算也使他能有更多的时间来弥补自己的不足之处。

小锋的故事,是不是可以给大家一些启发呢?

雷巴柯夫曾说:"用分来计算时间的人,比用时计算时间的人,时间多59倍。"

零散时间看似很少,但集腋能成裘。

"用零散的时间记忆零散的知识。"在日常生活中,有许多零散时间,如:食堂排队的十几分钟、等电梯的几分钟、车站候车的三五分钟等。零散的知识主要是英语单词和语法,语文的语音、词语、标点、熟语等基础知识。大块的读书时间可以用来钻研数、理、化、生的题目,记忆政、史、地等系统性很强的知识,而把那些零散的知识写在小纸片上,随身携带,在零散的时间记忆便能充分利用时间。

【高效锦囊】

在零散的时间里,你可以做下面这些事情:

① 读短篇文章或看报纸。较短的零星时间适合读一些短篇的文章或自己感兴趣的报纸,开拓知识面。

② 背诵诗词,记忆英语单词,复习错题本等。由于学习的内容和性质不同,整体时间和零星时间的用法也不同。一门较系统的、难度较大的学科,则需要整块的时间,而有些内容,诸如背诵诗词、英语单词、订正听写等难度不大、不需要高度注意的学习任务,就应该多利用零散时间。

③ 讨论,求师。把学习中积累的问题,利用零星时间去和同学讨论,向老师请教,课间做选择题、填空题这样的小题目,保持做题的完整性,勿做大题,以防断了思路。

④ 整理学习资料。相信老师们经常看到这样一种现象,上课要讲试卷时,有的同学很轻松地从文件夹里拿出试卷,而有些同学把抽屉里的书全部抱出来,一本本地翻,老师都要开始讲了,仍在埋头找。学习总是离不开资料,保持课桌整洁,将资料归类,尤其是各科试卷和英语报纸。按第二天上课的课程,有次序地整理教科书、笔记本,清理文具等,是十分必要的。一个好的时间管理者

是不会花很长时间在一堆乱材料中找出上课所需的书本和练习的。

（5）战胜拖延。

据统计,20%的普通人每天都存在拖延行为,由此推算,全球竟然有近 10 亿人患有拖延症,这让小伙伴们都惊呆了,引起拖延的原因是什么呢? 网络与懒惰才是罪魁祸首。

21%	追求完美
23%	不自信
26%	时间充裕,不着急做
42%	偷懒

据调查,学生与职场人的拖延最为严重。这其中 35%的人只在日常琐事上拖延,24%的人会在一般性事务上拖延,54%的人不管大事小事都有可能拖延,更伤不起的是 10%的人会在大事如毕业论文、产品设计等方面拖延。

拖延症的危害:

① 耽误时间,进而影响学业。

② 因事情未做而焦虑,影响情绪,造成更大的心理压力。

③ 给人留下不良印象,影响人际关系。

克服拖延的方法:

① 坚持"两分钟原则",避免拖延。

两分钟原则是:如果在两分钟内能完成的事,立即着手去做,比如收作业、向老师问题目、擦黑板、背单词、记忆公式、完成一道数学题等。

② 消除干扰。

曾有同学告诉我如果将手机放在一边就无法集中精力写作业,因为一会儿 QQ 响一下,一会儿消息来一条,所以总是会隔两分钟就去看一次手机。因此,关掉 QQ,关掉音乐,关掉电视,将手机置于一边……将一切会影响你学习效率的东西全部关掉,全心全力地去学习、去完成作业。

③ 设定更具体的目标。

如果你的计划是"我要提高数学成绩",那么这个计划很可能流产。但如果你的计划是"我每天多做 3 道数学题,希望下次的数学测验能达到 80 分",那么这个计划很可能被坚持下来。所以,你不妨把任务划分成一个个可以检测的小目标。

④ 不要给自己太长时间。

心理专家弗瓦尔发现,花两年时间完成论文的研究生总能给自己留一点时间放松、休整。那些花三年或者三年以上写论文的人几乎每分钟都在搜集资料和写作。所以，有时候时间拖得越长，效率越低。

（6）生活中要分清事件的轻重缓急。

在生活中，我们往往有许多事要做，常常感觉焦头烂额。而事实上，事情总有轻重缓急，根据活动的重要程度、完成的时间限制可以把活动分为四类。

请同学对照自己的生活分类表思考：

① 如果大部分的事情都集中于"紧急重要"一栏，说明什么？

大多事情拖延到最后一秒钟做，这样的人没有合理安排时间，焦虑感很强。

② 如果大部分的事情都集中于"重要不紧急"一栏，说明什么？

说明能够较好地安排时间，并完成任务，焦虑的时间较少。

③ 如果大部分的事情都集中于"紧急不重要"一栏，说明什么？

有太多的突发事件，需要考虑如何解决。

④ 如果大部分的事情都集中于"不紧急不重要"一栏，说明什么？

哪些是不紧急重要的事呢？是不是真的需要做？

总结：重要紧急的事马上做。例如：第二天要进行单元测试，就一定要抽时间尽快复习，做到有备无患。其次是做重要不紧急的事，这一类的事情影响深远，如提高英语阅读能力，这类事情的效益是中长期的，时间管理理论的重点是把主要的精力和时间集中地放在处理重要不紧急的工作上。

紧急不重要的事，要学会说"不"。一个人的时间和精力是有限的，对于不重要的事情，能不做就不做。

对于不重要不紧急的事，尽量不去做。如果确实需要做，要严格限定时间，比如：上网、聊天、看新闻，时间一到立刻停止，千万不要让时间慢慢地被消耗掉。

只有合理安排时间，我们才能做到长远规划，学习效率才会大幅提升，生活事件也会处理得更得当。

探究活动一

撕去时光的纸条

同学们，一个人要想获得成功，一定要全面认识自己，客观评价自己，确定恰当的人生目标，把握今天，从现在开始行动。

游戏过程如下：

（1）老师为每位同学准备一张细长的纸条——假如一个人能活80岁，上面一年一个刻度，80个刻度代表着一生。

（2）拿着这张时光的纸条，请同学们开始回忆：幼儿园，小学，初中。每回忆一个年龄段，便撕去纸条上相应的那一段。（这是一种"热身"，实际上在悄悄地提醒学生时间的概念。）

（3）撕完了"过去"，请同学们"撕"出一个将来：给自己限定一个"独立的时限"——计划什么时候拥有自己独立的家庭和一份喜爱的事业，然后将"独立的时限"之后的纸条撕去。（提到规划自己的未来，学生兴奋极了。有的同学"嘶"的一声，迫不及待地就将自己的时光纸条从17岁之后撕去。同学们手上的纸条开始长短不一，有的同学手上的"时间"只剩下短短六七年了。）

（4）老师继续领着学生往下做，直至学生手中的时光纸条只剩一小截："每天有三分之一的时间在睡觉，所以要再撕去三分之一。""每天还要有最起码的娱乐休闲时间，不然生活不是太无趣了，所以又撕去了一小截。"

（5）此时，请同学们谈谈"撕纸条的感受"。

探究活动二

装不满的碗

实验演示：装不满的碗。（提前准备一个大碗，一瓶水，一些大小不等的石头，少量粗沙，细盐等物品。）

同学们，我今天拿来了一个很特殊的碗，说它特殊，是因为这碗装东西永远也装不满。不信，下面我就给大家演示一下。

师：（取石头放入碗中，直到放不下为止）满了吗？

生：满了。

师：（往碗里加入粗沙，直到加不进为止）满了吗？

生：满了。

师：（往碗里加入水，直到溢出为止）满了吗？

生：满了。

师：（往碗里洒入一些细盐）满了吗？

【领悟与反馈】

要有计划地安排时间，当事情多、时间少时，我们首先应考虑如何穿插利用时间，提高学习的效率；如果事情实在太多，就必须暂时割舍一些，以保证重点。比如在临近期中、期末考试时，不能靠"开夜车"来提高考试成绩，而应该靠提高时间利用效率，暂时放弃娱乐活动等方法。

探究活动三

做一做

制作一张卡片,定时刷新填写。常提醒自己在生命里还有多少时间。

假如我有 80 岁寿命(29 200 天),到今天为止我的生命已用去 __5 840__ 天,只剩下 __23 360__ 天。学习知识的黄金时期是 6—25 岁,这 20 年大约有 7 300 天,我还有 __3 650__ 天黄金时间。(以一年 365 天,16 岁为例)

这仅是理论计算,事实上我们不能肯定自己未来到底有多少时间,不能肯定可以活多长,但我们能做的,就是管理好每一天的时间,和时间赛跑。

补充练习 1

班级学霸时间表

6:30	起床
7:10—8:00	早读,读语文、英语课文,报纸文章
8:10—12:10	上课
12:40—14:00	午睡,看数学竞赛书 20 分钟,做 20 分钟作业
14:00—14:30	到班级做数学辅导材料
14:30—17:45	上课
18:20—19:00	打篮球

19:00—20:20 第一节晚自习	做当天作业,做物理辅导教材
20:30—21:50 第二节晚自习	做当天作业,整理当天各科笔记,整理化学错题
22:00—23:10 寝室晚自习	复习英语笔记,做生物教辅材料

【思考】

你认同这张时间表对时间的管理吗?请列出你一天的时间表。

补充练习 2

高三学长时间表

　　小鹏简单写了一下他的时间表,和他不少今年金榜题名的同学相仿。高三后半程走读,早上 6 点起床,6 点半前出门,6 点半左右到学校(一般可以听到克罗地亚狂想曲)。有不少同学是到学校吃早饭,所以教室里的同学安安静静地背书,走廊一排兄弟姐妹手拿着早饭一边吃一边背书。下课间隙抓紧时间补觉,一倒倒一片,其实不是坏事,重要的是上课的时候清醒过来。高三中午 11:20 放学,高一、高二 12:10 分放学,那么 11:50 从教室走,既能腾出半小时背书刷题,又能不排队就打饭吃饭,吃完正好比高一、高二放学早一些,电梯都不用排队,回寝室再看会书,留足半小时睡觉。晚饭得跑去食堂,走回来。21:50 放学,穿梭在人群里奔回家,洗澡,吃点东西,聊会儿天,22:20 开始看书,到 24:00 睡觉(我不能熬夜,因为一旦过了 00:30 我就失眠)。规律让人心安,所以不上课的周六晚上和周日都是如此,周日清晨如常,热络地找保安大叔开 C 楼的铁闸门,整个校园只有你自己的感觉相当惬意。(坚持到最后也很重要,一直到教学楼锁门前班级教室里和图书馆都有小伙伴在自习,除了心态出问题的,其他都考得很好。)

不负自己的青葱时光
——合理安排高中生活

我是一名新晋高一学生。入校成绩很不理想，班级倒数第五。刚开学那段时间，我感到很烦躁，很无助。每天忙忙碌碌，却总是碌碌无为。最终，我意识到：如何充分利用与别人同样多的时间，是问题之关键。

我重新鼓起勇气，来一场"时间之战"。

清晨，别人睡眼惺忪、无聊排队买饭之时，正是我开始阅读之时……漫长的排队时光，过得很快、很充实。这样有"内涵"的早餐使人神清气爽，更有利于开启一天的学习之旅。

早读，在别人等着被安排任务时，我准备好早读材料。先快速浏览，圈出不认识的生僻字或单词，用学生端里的词典，立马查找，标注上去。这样不仅提前进入状态，而且快人一步地学习新知识，方便记忆。

课间，我利用学生端里的词典来学习单词。它有"单词学习设置"，设置好后，有空就看几个单词，里面内容很丰富：既有相关的派生词，又有相关的短语及例句。

中午和晚上就餐时，别人慌慌张张冲向人群、挤向餐厅，我选择握紧手中的笔，或誊抄笔记，或整理错题……就是这短短的十几分钟，不仅可以错开就餐高峰期，还可以做完很多琐碎小事，不必占用其他的宝贵时光。

午休前，我或做理科的练习题，或预习下午的课程……这些大概花 40 分钟，我会保证自己有 30 分钟的午休时间。在临睡前，我会背书，默默地在心里过一遍。很助眠呢！

晚自习，是一天中最关键、最宝贵的时间段。我的计划一般是：文理交叉，先理后文。做理科作业时，经常会碰到难题，如果很久都没有思路，先做个标记，过后或问同学，或请教老师，及时解决问题。做英语时，完形里会出现很多生词，先连蒙带猜过一遍，然后利用学生端查关键词，再开始作答。不管是哪门功课，我都会给自己规定时间。高效，很关键。晚自习时的我，像一名前线的战士，始终高度绷紧神经，和作业进行持久战斗，拼个你死我活……

铃声响起，自习结束，而战斗却仍在持续。快速洗漱后，是寝室自修时间。我一般用来攻数学：先看教辅材料，掌握方法；然后通过不断练习来强化，有时，我还会阅读数学方面的书籍……

就这样，一天天过去了，我渐渐养成了规律的作息习惯，学习也有了很大的起色。经过一个学期的努力,我已经从刚开学时的倒数第五冲到了班级前十名,而这一切都得益于有效的时间安排。我一直按照自己的计划进行着。在别人抱怨辛苦时,在别人埋怨时间不够时,我坦然一笑,大步流星,向前迈进,不负自己的青春年华!

第九节　自主选课

以前，一到高一下学期，学文还是学理的选择就摆在我们面前。在许多同学眼里，文理选择的重要性几乎相当于一次中考或者高考，于是为此犹豫不决，甚至寝食不安，唯恐一朝选错科，从此入歧途。2014 年起，全国部分省市迎来文理不分科，未来几年全国所有省份都将文理不分科，大家以为这下再不用为分科选择发愁了。

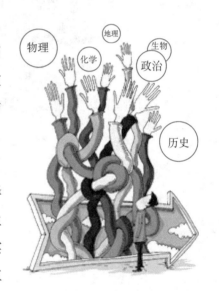

其实这是很大的误解。

文理不分科后，高中生将面临着更复杂的选择，而且这种选择从一进入高中就开始了。选择更多，不再是政、史、地和理、化、生"捆绑"后的二选一，有更多组合；即使同一门课也可能根据学校实际分为不同的难度等级，如数学可能分为难度Ⅰ、难度Ⅱ、难度Ⅲ三个等级；为了将来升学和从事职业的需要，每位同学都必须选择一门或几门选修课，甚至要选择大学先修课。传统教学中固定班级、固定教室的形式将受到影响，学校将实行"走班上课"制度。

简单说，每个人都将根据自己的兴趣、未来要上的大学以及将来要从事的职业来选择上不同的课，可以说我们每个人都有一张属于自己的课程表。课程表由我们自己作主——"私人定制"，听到这个我们肯定感觉有些刺激又有些"头大"。

这有点类似我们到饭店点菜，我们可以自己确定一张适合自己的菜单。那么，面对这种情况，哪些才是我的菜，该如何定制自己的"菜单"呢？

思考一：有什么"套餐"可选？各"套餐"在高校录取、报考安排方面有哪些特点？

"3＋1＋2"的模式和传统的文理分科有着本质区别。一是目标导向不同。"3＋1＋2"的模式既体现了物理、历史学科的基础性作用，突出了普通高校不同学科专业选才的要求，也更加注重学生的全面发展,提高学生的综合素质。二是选择科目组合不同。"3+1+2"的模式下,学生可根据个人爱好、兴趣、特长和拟报考高校及专业的招生要求以及高中学校的办学条件,在12种组合中自主选择,增大了考生的选择面。而传统文理分科仅有2种固定的组合供考生选择。其中,文科考生只能选择思想政治、历史、地理1种固定组合,理科考生只能选择物理、化学、生物学1种固定组合。三是考试内容不同。"3+1+2"的模式中,学生参加全国统一高考的语文、数学、外语3个科目考试时不分文理科,所有考生的考试试卷完全一致。而传统文理分科的数学考试科目,试卷的内容和难度则是有区分的。

选考科目理论上有12种组合,考生须根据自身兴趣、志向、优势和普通高校招生要求以及普通高中办学条件选择,具体组合如下:

序号	物理类组合	序号	历史类组合
1	物理、化学、生物	7	历史、政治、地理
2	物理、化学、政治	8	历史、化学、政治
3	物理、化学、地理	9	历史、化学、地理
4	物理、生物、政治	10	历史、生物、政治
5	物理、生物、地理	11	历史、生物、地理
6	物理、政治、地理	12	历史、化学、生物

高考改革前后,考试方式和录取方式的区别有哪些?

		改革前（"3+X"模式）	改革后（"3+1+2"模式）
考试方式	全国统考科目	语文+数学+外语+文科综合(思想政治、历史、地理)或理科综合(物理、化学、生物学),共4门	语文+数学+外语,共3门
	高中学业水平考试科目	无选考科目	共3门选考科目:先从物理、历史2门科目中选择1门,再从思想政治、地理、化学、生物学4门科目中选择2门
	是否文理分科	数学、综合考试均分文理科	不分文理科
录取方式	填报志愿方式	以院校为单位;集中填报志愿,所有考生一次填完所有志愿(不含征集志愿)	以院校专业组为单位;分段填报志愿,按照高考成绩,高分考生先填志愿,低分考生后填志愿
	是否分类录取	按文理科两类分列计划,分开投档录取	按物理、历史两类分列计划,分开投档录取
	录取批次	非提前批分本科一批、本科二批、本科三批、高职专科批	合并录取批次,招生高校不分批次

	改革前（"3+X"模式）	改革后（"3+1+2"模式）
录取顺序	先录取本科提前批，其他批次录取先后顺序为：本科一批—本科二批—本科三批—专科提前批—高职专科批	先录取提前批，非提前批录取时，不再细分录取批次，所有学校不分先后顺序一起进行
高校科目要求	文科或理科要求	首先对物理或历史提出要求，然后从思想政治、地理、化学、生物学科目中提出0—2门科目要求

思考二：我是怎样的一个人？我希望成为什么样？我的优势和可能的限制是什么？

正如同要点什么菜，可能首先要想想自己的身体状况，能吃什么菜，该吃什么菜。选课也一样，首先要了解自己，适合学什么，应该学什么，"因地制宜"，为自己"量身打造"合适菜单。甚至需要在进"饭店"之前就要思考，就要准备。

对于职业有较深研究的管理专家霍兰德曾把人分为现实型、社会型、企业型、常规型、研究型、艺术型六种类型，并列举了每种类型的人适合从事的职业。自己属于哪种类型的呢？这要看我们的性格和能力，有好多这方面的测量表，可以让我们了解自己的性格和能力。本节附录2里有100道测试题，可以为我们了解自己适合学习的专业提供参考，从而及早根据自己的特点选择最合适的课程。

学生王琪紫用《CareerSky高中生涯发展教育系统》进行了测试后，很有感慨，她第一次知道自己性格上属于"外向直觉思考判断"型，其中自己的语言—言语能力和人际交往能力比别人高出不少。她说看测评结果像看镜子里的自己一样，新奇而忐忑。不过第一次了解了自己的性格和能力，她感到非常开心。她的理想是成为一名外交官，她一直不能确信自己是不是适合这样的工作，又不知在高中能为这个理想的职业作哪些准备。现在她了解了自己的性格和能力类型，她决定加入学校的"模拟联合国社"，每周三下午她将留出1个小时的时间参加社团活动。同时，她准备选学校开设的"英语口语交际"选修课，来提高自己的英语口语表达水平，为此，她放弃了对"古代诗词鉴赏"课的选择。

我们来看下面三位同学关于选课的对话：

甲：我身体不高，妈妈老是担心我长不高，我选太极拳基础课。

乙：我最擅长的还是画画，以前学的是素描，国画我也画过，我准备选国画入门课。

丁：我猜模拟驾驶课应该很好玩，我就选这个吧。

选课还与人的性格有关，从上面三位同学的对话中可以看出，不同性格的同学选择的标准是不一样的，有的是弥补不足，有的是发挥长处，有的是满足新奇。我们很难说哪种选法更科学，高中提供的丰富课程能开阔我们的眼界，锻炼我们的能力，帮助我们了解人生的多种可能。上面三位同学的选择标准都可以作为我们的参考。

当然,大多数学生在选课时可能会更多地考虑将来从事的职业,的确,进入高中后我们感到职业的选择离我们越来越近,不再是遥不可及的事情,应现在就有所准备。现在学校创设的丰富课程同样能给我们的职业生涯的规划提供更多的机会。我们了解了适合我们学习的专业和从事的职业,在选课时可以将其作为重要的参考。

一般来说,我们可以把职业按传统的认识大体分成两大类。

文科倾向职业:天文学、文学、新闻、历史、地理、艺术、法律、交通运输、服务行业、教育等。

理科倾向职业:物理、数学、化学、生物学、医学、农业、建筑、轻工业、电子技术、产业工人等。

我们现在学习的各科知识,包括我们从选修课、社团活动里学来的知识,都将会在不同的行业派上用场。比如我们学习的生物知识,在农、林、牧、渔行业里,会起到重要作用;我们学习的化学、物理、地理知识,在地质勘探、采矿行业是不可缺少的;我们学习的数学,在会计、金融业中,会派上用场;我们学好了英语,就能更方便地了解更多世界上的先进信息的第一手资料;而语文知识和能力,在我们阅读任何一份资料,写任何一篇文章,与人交流等时,都离不开它,如果我们要从事文字方面工作,我们必须学得更精细。学校开设的那些与我们未来准备选择的专业相关的选修课,我们一定要首先考虑。只要你了解了自己,确定了自己的人生方向,就可以大胆地选择。

思考三:大学是怎样的? 有哪些专业? 如果出国上大学要作哪些准备?

了解大学,了解大学的专业设置,可以让我们为自己以后上大学、学专业和未来的职业发展做好知识、能力、素养等方面的准备,这样我们选课时才会更有针对性。

在20世纪90年代以前,我国高等教育实际上都是精英教育,也就是说进入大学的学生比例较小。随着"扩招"时代的来临,我国高等教育飞速发展,如今全国很多省市的大学录取率早已"破八"(录取率达到80%),甚至"破九",可以说我国高等教育已经实现大众化。

在这种背景下,新的高考改革方案把人才的培养分为两种,一种是技术技能型人才,一种是学术型人才。高考模式也分为两种,一种是技术技能型人才的高考,考试内容为技能加文化知识;一种是和现在的高考类似的,学术型人才的高考。技能型人才的高考和学术型人才的高考分开。技术技能型有三种人才:第一类是工程师,第二类是高级技工,第三类是高素质劳动者。这与之前的职业教育有所不同,职业教育只讲技能,随着信息技术的发展和产业升级,技能需以技术为基础。

而培养的院校也不同,前者主要指地方本科院校及高职院校,后者主要是43所"985"高校和110多所"211"院校(具体学校参见本书"志愿填报"一节)。由于学生在高中阶段因各种因素不能很好地对自己的人生发展做好规划,目前在我国出现了这样一种尴尬的局面,有些同学上了"好"的学校,毕业时技能不如"不好"的院校的毕业生，还找不到工作。

了解了大学的不同分类，我们一进入高中就要给自己准确定位，以后准备走哪条路或者从事哪方面的工作，选择适合自己未来发展的模式，从而使自己选择高校时目标明确，不盲目。如果我们确定自己将走技术技能型人才的高考这一条路，我们在学校选课时应尽量考虑那些能够培养动手能力的课程，比如电器修理类的拓展课程。

除此之外，我们还要了解大学的专业设置。目前，我国大学的专业门类有 12 大类，70 小类（详见本书"志愿填报"一节）。

大学的专业是丰富多彩的，它们有的侧重培养文科生，有的侧重培养理科生，有的则培养文理兼通的，可以说大学为我们提供了多种多样的可能。当然可能要求我们在高中时就做好相关的准备，选课时就要好好想一想以后准备学哪个专业。

还有一些同学准备出国上大学，比如去美国上大学。美国留学专家高燕定老师列了一个美国大学录取的计算公式：

综合素质总分＝就读的高中（0—4 分）＋课程难度（0—21 分）＋年级排名（1—3 分）＋平均成绩（0—16 分）＋SAT 成绩（6—25）＋获得全国荣誉的学生（0—3 分）＋申请论文（3—5 分）＋推荐信（2—4 分）＋课外活动（5—30 分）＋种族多元文化（3—5 分）＋体育活动（8—40 分）＋超级录取（40 分）

（摘录自"高燕定新浪博客"）

从上面这个公式可以看出，就读最知名的高中和一般高中的最大差别只有 4 分。如果把自己的孩子送到最好的学校上学，有时因为成绩居中，反而降低了竞争力。而课程难度就是指选的课的难度，从分值上来看，上哪所中学并不十分重要，但在学校里选什么课程却很重要。美国高中通常有普通课程、荣誉课程和大学课程（即 AP 课程）三种。如果学生在知名度很高的学校上学，却只选择相对容易的基本课程，那"课程难度"这一项就只能得 0 分，而即使在普通中学上学，选修了难度大的课程或者大学程度课程就有可能在此项得到 21 分，这是很大的差距。目前，我国的北京十一中学、合肥市第八中学等学校均将大学课程引入中学，开设选修课，上海部分高校也开始接受中学生去选修大学的课程，并修得大学学分。在选课时，如果有条件，我们一定要积极参与。

SAT（Scholastic Assessment Test 学术能力评估考试）也需要了解一下，它被称为"美国高考"。虽然不像中国高考那样，起着一锤定音的作用，但是，SAT 在公式中最高的可能得分为 25 分，可见其在美国大学招生过程中也扮演了非常重要的角色。SAT 分为三部分，分别为数学、英文和英文写作，满分 2 400 分。中国学生参加这个考试，最重要的是英文水平，很多同学失分不在数学，而是英文水平影响了理解。而课外活动和体育活动比 SAT 的赋分还要高，这不能不引起重视。

思考四：高考科目应该按什么原则选？其他课程应该怎么选？要注意些什么？

新的高考形势下，我们需要在高一就开始进行选科和考试规划。因为有的选考科目在高二就要进行考试，如果高一没选好，高二就很难去参加等级考试。另外，每人只能选择 3 门选考科目，因此，一旦确定好选考科目，就很难更改，这都要求同学们针对新高考的科目改革，进行合理的选科规划。

应该遵循以下三个方面原则。

首先是兴趣和实力，结合自己的兴趣和实力，选择最适合自己的 3 门选考科目。虽然有的学校由于师资有限，可能无法开齐所有的组合，但是，学校至少会提供五到六个选择组合，这给学生按照自己的兴趣选适合科目留下了足够的空间。我们要利用好这一空间。另外，要考虑高考升学，选择自己最具竞争实力的学科。由于选考科目考试，是以百分位计等级，因此，主要要看学生这一科目的相对实力，来进行选择。当前的考试方案，我们既要考虑自己那门学科在所有参考考生中取得更靠前的排位，又要关注参加哪一次考试可以避开"高手"，把选考、选科变为博弈。我们还是从自己的学科兴趣和学科实力出发，不要去揣测其他学生选科的情况，如果无明显兴趣和实力上的差异，可参考本校学生的选择情况进行适当调整。

其次是高考政策，即学生要根据高考录取规则，进行选科和学习规划。具体来说，高校专业提出的科目要求有四种情况，一是科目不限，即任何学科组合都可以报考；二是 3 个科目的要求，只要满足一科即可；三是两个科目的要求，也只需要满足一科即可；四是提出 1 个科目要求，考生必须选有这一科的才能报考这一专业。因此，科目不限的要求最松，3 个科目的要求次之，1 个科目的要求最严，考生必须在 3 科中选有这一科的才能报考。

这要求所有学生在选科的时候，就要有初步的升学规划。如果有的同学觉得自己还不清楚究竟要上哪所学校，也不知道要选哪个专业，就要参考上面我们给出的数据，考虑选科的覆盖度，比如说，选物理，可以满足多少学校、专业的要求；选化学，可以满足多少学校、专业的要求。如果同学们没有明确的专业选择，在选择学科时，为扩大今后的专业选择面，建议选择以下科目组合。一是文理搭配，两门文科科目加一门理科科目，或者两门理科科目加一门文科科目；二是如果在理科科目中，所有科目实力差不多，那可首选物理，在文科科目中，所有科目差不多，可首选历史。

再次是考虑长远发展。高考不是人生终点，是人生的另一个起点。千万不能认为只要考上大学，就实现了人生价值。因此，中学的学习是要为未来大学的学习，以及今后的事业、职业发展作准备的。在选科时，还要考虑上大学后的学业发展。近年来，因为跟不上大学学习要求而被退学的，不在个别。因此，在选科时，就要分析未来大学专业的课程要求。

除此之外，我们面临的社会环境已经变了，知识以我们无法想象的速度在增加和更新，我们若不想被淘汰,就必须不断学习、终身学习。而具备学习的愿望、兴趣和方法,比记住一些知识更为重要。"万校一书"的课程体系、"万人一面"的培养方式已经改变,学校还开设了很多能够促进我们全面、自主、有个性地发展的课程,这些课程该怎么选择呢?

下面我们举两个学校的例子来让大家对未来的课程有更详细的了解。

我们先来看一下安徽省合肥市第八中学的课程。合肥八中将课程分为基础性课程、拓展性课程、研究性课程、实践活动课程四大板块。所谓基础课程就是我们原来正常上的语、数、外、理、化、生、政、史、地等,不过以后有些科目将分为难度不同的几个等级,以适应学生不同的需求。比如高中数学由易到难分为 1 至 5 等,最容易的数学 1 适合今后大学里读文科专业的学生选修,数学 2、3 是针对高考理科的课程,数学 4 是竞赛班的课程,最难的数学 5,是大学先修课。拓展性课程分为限定性拓展课程和非限定性拓展课程。限定性拓展课程是为了超越课本,提升水平,比如语文学科可能会有《红楼梦》的专题讲座课程、唐诗宋词的专门课程。非限定性拓展课程是为了满足我们的学习兴趣,根据不同同学的个性培养特长,为终身发展打好基础,比如烹饪、金融、高尔夫、书画、音乐、机器人、模拟驾驶等门类的课程。除了这些,学生还需要选择参加不同的综合实践课,比如社团活动、生涯规划课和非常大讲堂等,而且这些课程学校都将纳入学分管理,学生在升入高三之前必须修满相应的学分。

合肥八中学生在上高尔夫课

我们看看北京十一中学的课程:

北京十一中学通过对国家课程、地方课程的校本化,构建了一套分层、分类、综合、特需的课程体系,创立 265 门学科课程、30 门综合实践课程、75 个职业考察课程、272 个社团、60 个学生管理岗位,供学生选择。在这些课程中,除了少数的必修课程外,其余大部分是选修课程,所有课程排入每周 35 课时的正式课表,学生不仅可以选择课程,还可以选择上课时段,真正做到自主选择,一人一张课程表。学科课程,包括语言与文学、数学、人文与社会、商学与经济学、综合实践等 9 个领域。职业考察课程,涵盖金融、经济、信息技术、法律、医疗等门类。

以周二上午为例。第一节课,赵天啸在 413 教室上自习课,饶硕平在 119 教室上化学Ⅲ级课程;第二节课,赵天啸在 405 教室上高中语文基础课,饶硕平则在 419 教室上数学Ⅲ级课程;第三节课,赵天啸在 417 教室上数学Ⅴ级课程,饶硕平在 404 教室上高中语文基础课;第四节课,赵天啸选择在 307 教室上物理Ⅲ级课程,饶硕平则在 318 教室上物理Ⅱ级课程;第五节课,赵天啸上的是网球课,饶硕平则上羽毛球课。

在北京十一中学,全校有 4 174 名学生,就有 4 174 张不同的课程表。学生们采取"走班上课"制,每个人都按照自己所选择的课程安排一天的"行程"。

摘自"北京十一中学网站"

我们常说,选择是人的主要痛苦源之一。面对如此丰富的课程,我们该如何选才不痛苦呢? 其实只要我们定出一些基本原则,按原则选就会变得相对轻松。前面第一部分我们讲关注自己的性格、能力,第二部分我们讲关注大学及专业,这两个方面都是我们选课时重要的参考因素。除此之外,我们可以定几条具体原则;当然,如果大家有自己的想法还可以作点补充——原则也是可以"私人定制"的。

选课的 12 字原则:兴趣第一,找到强项,难易适中

不夸张地说,人一生的幸福甚至尊严都和兴趣有关。如果我们能一直做自己感兴趣的事,这一辈子不管是穷或富,也不管是有名还是无名,我们都是活得最幸福最有尊严的。诺贝尔奖获得者科比尔卡说:"我始终对我所从事的研究充满兴趣,真正的科研离不开坚持和兴趣。"

我们来看一个故事。

她从哈佛大学经济及数学系以优异的成绩毕业后,进了咨询顾问公司观察者集团工作。两年后,她工作起来已经得心应手,很受老板赏识,也深受客户欢迎,但她却并不能从这份高薪工作中获得快乐。

紧张工作之余,她常常回忆起少年时去朋友家玩的情景。那时,她十二三岁的样子,去一位同学家,那位同学家的电视机里正播放着一档教授做甜点的节目。面点师表情夸张,语言风趣,一块面团在他的手中三揉两搓,便如魔术师一般变出一个造型别致的糕点。她们看得兴致盎然,不时地对着电视画面惊呼。于是,她们从超市买来原料,依葫芦画瓢地操作起来。很显然她没有面点师的娴熟,但是她们却获得了前所未有的快乐。从此她对做面点乐此不疲,一放学,便迅速溜回家,常常赶在父母下班之前,做上一块面点,有时也会别出心裁,搞些花样,她从父母赞赏的眼神里感受到了莫大的鼓舞和支持。这件事一直到她去哈佛读书才结束。

在她工作的波士顿有一家著名的糕点烘焙店，每次去那个店，她都会点上一份糕点久久逗留。看到端上来的那一份份别致的面点，她都会情不自禁地"哦"一声。她的行为引起了店里做面点的大厨的注意。他们有了第一次交谈，她告诉他，她虽然在一家咨询公司上班，但对做面点特别感兴趣，那曾是她最美妙的时间。那位年轻的面点师饶有兴趣地看着她谈起面点时眉飞色舞的神态，于是邀请她走进了操作间。

进了操作间，她像鱼儿到了水里，鸟儿飞进了树林，她熟悉做面点的每一个程序每一个细节，在案板面前，她眼睛发亮，两腮因为激动而变得更加红润。那位大厨成了她的下手，帮她递这送那。不一会儿工夫，她的面点做出来了。大厨惊呼着："这不是面点，这是艺术！这简直就是艺术！"以后，她和这位大厨成了最好的朋友，一有空闲，她便来这里体验和大厨一起创作糕饼的快乐。

她也萌生了开一家糕饼店的想法。于是她说服父母，获得父母的理解后，她辞去了那份高薪工作，准备给自己一年的时间，尝试专业烹饪这条路。她在波士顿南端的华盛顿街上找了一个合适的店面。

工作非常辛苦，她得从凌晨四点一直工作到午夜，一周六天，但她却干得非常起劲。她做出的糕饼、甜点大受欢迎，店里每天都人满为患，尤其是她制作的"黏面包"，几乎一时成了店里的招牌，许多客人赶早排队来品尝，如果迟到了就会深感遗憾。有一位客人从佛罗里达州飞到波士顿，一下飞机便直奔这家面包店，吃了她做的黏面包后，便力邀她去佛罗里达州开一家分店。

她就是在美国有着"巧克力饼干女孩"之称的华人张柔安。现在，她不但连开三家"面粉烘焙店"，还出版了《面粉：波士顿面粉烘焙店的壮观食谱》一书，张柔安在她的书里写道：中国有句古话，三百六十行，行行出状元，但是人的热情、兴趣才是打开状元之门的金钥匙。

摘自中国新闻网 2011.3.1

这个故事告诉我们，无论是学习，还是以后从事职业，我们都应当把兴趣放在首位。在选课时，我们一定不要赶时髦，要遵从自己的兴趣，没有最好，只有最适合。兴趣可以使人集中注意，产生愉快紧张的心理状态。而当我们在专心致志地、积极地从事某种活动，并且忘记了时空和自己的时候，是我们感到最为愉快和满足的时候。选课时，不功利、不盲从，认真发现并培养自己的兴趣，选择适合自己的课程。确定之后就不要患得患失，而要坚定兴趣，在对兴趣的坚持中学会理性判断自己所做的一切。一个能够把兴趣坚持到底的人，他的人生就是有意义的。

除了兴趣和文理兼修外，在选课中我们还要找出自己的强项，进行最多的投入，突出重点。我们来认识两位同学，看他们在选课方面是怎样选择的。

第一位同学叫陈泽，他小时候就看了很多电影，对电影知识比一般同学知道得多，而且有很多奇思妙想。在选课时他选择了"影视编导与设计"课，同学们称其为"拍电影"。学校没有了原来的音乐、美术课,开设了以戏剧为主的综合艺术课程。非常喜欢电影的陈泽毫不犹豫地投入了这门课中,并作为自己每周投入最多的一门选修课。导演、摄像、编剧、美工、演员、剪辑等各个工种,他每件事都认真对待,常在第二天上课前准备到半夜,通过一个学期的轮换,分工合作,他所在的"剧组"在他的带领下完成了剧本编写、实际拍摄、后期处理、宣传放映的各个环节。陈泽感到非常有成就感,他一点不觉得"耽误"了时间,对自己的其他科的学习产生一些影响他也觉得是很值得的。他觉得自己以后就适合从事这一类的工作,他已经决定报考这一类的大学。他说:"这带给我很多挑战,也带给我很多欢乐,这是生命成长的渴望。"

还有一位同学叫刘涛,他不仅物理学得津津有味,还参加竞赛,获奖无数,最近还荣获了全国中学生物理竞赛决赛一等奖,顺利进入全国集训队,参加国际奥林匹克物理竞赛的选拔培训,已提前被北京大学录取。

刘涛说:"小时候,就喜欢拆些电器,家里的电子计算器就被我拆了不下5个,到同学家玩时,我还是对计算器比较感兴趣,也曾歪打正着地修好了一个,现在想想,应该是普通的电路接触不良。"

他不顾家人的反对毅然选择了物理4课程,这是学校物理分级课程中竞赛方向的课程。在有些同学心目中竞赛是枯燥的,是辛苦的。但因为是自己的强项,刘涛有自己的想法,他曾为了一道题目想了几天几夜,最后在洗澡的时候突发奇想,找到了解题思路。他认为在高中学习中,要是没有一门自己的强项,整个学习生活会"没有味道",在自己的强项上,"碰到复杂的题目,只要坚持,就会有灵感"。

高中选课,我们一定要首选我们的强项,它不仅会支撑我们的学习自信,更重要的是更有可能让我们在某方面有所成就。

课程的丰富多彩还可能给我们带来的困惑就是什么都想选,这时一定要恰当取舍,不能贪多,不能贪难。因为我们的精力是有限的,要优中选精,"取一瓢饮",让自己不仅学得有趣,还要有效,让自己好好享受高中课程的美味大餐。

学校第一次选课,张小明所有文化课都选最难的级别,结果课听得吃力,作业完成不了。一学期下来,用他自己的话说搞得"鼻青脸肿""焦头烂额"。第二学期,他就理性了很多,按自己能力来选,有些"好课"因为不适合被他果断地放弃。现在他就轻松多了,也重新找回了自信。

如果你有出国上学的想法,你可以先上网了解AP课程(Advanced Placement美国大学先修课程),AP可是目前为止美国最大的高等教育远程在线服务商,也是美国唯一一家提供全球服务的实体机构,已帮助40多所美国公立高校建立了虚拟大学。AP成立了API后迅速向全球扩展,目前其业务范围已遍及美洲、欧洲、非洲及亚洲等地,并正为全球10万多在校生提供优质的在线课程。如果你想到美国学习,可以先上网了解他们的相关课程,看看自己是否适合。

心里有了明确的原则,选起课来就轻松很多,我们就可以为自己定制一份精美、营养的个人菜单——个性课表。

附录1:

SSAT(美国中学入学考试),简单地说参加 SSAT 考试是我们进入美国中学就读的必经途径,进入了美国的中学后就可以在那里参加美国高考,被美国大学录取。

SSAT 分为两个级别:Lower Level (低年级)和 Upper Level(高年级)。Lower Level 一般是针对 5—7 年级的在读学生;Upper Level 一般是针对 8—11 年级的在读学生。考 Upper Level 的中国学生占绝大多数。高年级分数区间为 1 500—2 400。就高年级来说,即使整张卷子完全不做也会有 1 500 分,所以一般来说需要考到 2 000 分以上才具有竞争力。另外一方面,每次考试还会给出单项的百分比成绩(percentile),这个成绩是将考生这项的成绩和过去三年全国和你位于同一年级的人的成绩进行比对所得出的,在申请时具有更强的指示性。比如,一个考生 verbal(词汇)的百分比是 90%,也就是说这个考生的成绩比过去三年内 90% 的考生成绩都要好。

SSAT 共分为四个部分:词汇、阅读、数学和写作。前三个部分为计分项目,写作部分虽然不计分但是会在寄送官方成绩给学校时以复印件一并送达,所以也需要重视。考试的时间和题目数目可以用下表表示:

部分	时间×数量	题目数量
Writing Sample　写作	25 分钟×1	1 篇作文
Quantitative　数学	30 分钟×2	25×2
Verbal　词汇	30 分钟×1	60
Reading Comprehension　阅读	40 分钟×1	40
Total　加总	155 分钟	150＋1

如果对此感兴趣可以上网查一些更详细的资料,查完后思考:如果我准备参加 SSAT,我会怎样规划我的三年学习生活呢?

附录2:适合专业(职业)测试题

根据自己的实际情况对以下 100 道题做出回答,对题中所讲的非常喜欢的记 2 分,比较喜欢的记 1 分,无所谓喜欢不喜欢的或吃不准的记 0 分,比较不喜欢的记 -1 分,讨厌的记 -2 分,把每题的得分填在表1的题号旁边,然后在表2中将每一横行的得分相加,得分最多的就是我们最适合、最喜欢的专业和工作。有了这方面的统计结果,我们就能比较客观地认识自己了。

表1

序号	项目	讨厌（-2）	比较不喜欢（-1）	无所谓（0）	比较喜欢（1）	非常喜欢（2）
1	上物理课。					
2	上数学课。					
3	上化学课。					
4	对饲养动物的知识介绍感兴趣。					
5	想读一读有关介绍医生生活和工作的文章。					
6	喜欢阅读天文学方面的书，喜欢与别人一起谈论天文学方面的知识。					
7	喜欢看世界文学名著。					
8	爱看报纸、杂志，经常收听新闻广播。					
9	上历史课。					
10	阅读关于世界各国文化、经济发展情况的书籍。					
11	经常观看艺术展览或参加音乐会。					
12	对公安方面的文章感兴趣。					
13	看农作物和养殖方面的读物。					
14	想了解一些海员、飞行员和空姐生活工作的情况。					
15	想了解建筑师的工作情况。					
16	对自己学习、生活和工作的环境做出评价。					
17	喜欢看模范教师的事迹报道。					
18	对自行车的制造和加工有兴趣。					
19	想知道彩电的工作原理。					
20	对机床构造和工作性能感兴趣。					
21	关心物理学方面的新发现。					
22	到处寻找数学方面的科普读物和近年来的论文。					
23	特别关心近年来化学方面的新成就。					
24	喜欢用动物做生物学实验。					
25	想了解疾病的起因、治疗和护理知识。					

序号	项目	讨厌 （-2）	比较不喜欢 （-1）	无所谓 （0）	比较喜欢 （1）	非常喜欢 （2）
26	对介绍外星球的广播、电视节目感兴趣。					
27	想看有关文学评论的文章。					
28	对国际、国内大事很关心，经常谈论这些事。					
29	读历史方面的书籍。					
30	想知道地理方面的新发现。					
31	轻音乐和交响乐是我喜欢的。					
32	当老师不在时，能主动维持班里学习和生活的正常秩序。					
33	经常观察花草树木和各种庄稼。					
34	对铁路运输方面的情况很有兴趣。					
35	了解建筑部门的新成就。					
36	做有关社会服务方面的笔记、卡片和报刊文章剪贴。					
37	乐意与同学讲解难题。					
38	对生产生活必需品的工厂感兴趣。					
39	看无线电技术方面的科普文章。					
40	善于使用钉子、扳手、钢锯、钳子等工具。					
41	常常做一些物理方面的试验。					
42	爱解复杂的数学题。					
43	爱上化学实验课。					
44	经常观察动、植物的生长变化。					
45	想学会包扎和抢救伤员。					
46	非常羡慕那些能说出每一颗星座的名称和位置的人。					
47	喜欢写些诗歌和故事。					
48	观察别人的行为和生活情况，热衷于学校和班里的黑板报工作。					
49	参加或想参加学校历史小组，经常收集有关历史事件的资料。					

序号	项目	讨厌 （-2）	比较不喜欢 （-1）	无所谓 （0）	比较喜欢 （1）	非常喜欢 （2）
50	对大自然和自己故乡的地理环境感兴趣。					
51	朗诵诗、唱歌，很想参加学校文工团或演出小组。					
52	对犯罪、家庭纠纷等报道感兴趣。					
53	养鸡，养兔，种小片庄稼，并精心照料它们。					
54	爱驾驶摩托车和汽车。					
55	参观建筑物。					
56	集体活动时愿意为大家安排吃饭、休息。					
57	愿意给小孩子讲故事、读书。					
58	对家里使用的电扇、洗衣机等的质量、性能比较了解。					
59	能修理收音机、电视机或简单的电子仪器。					
60	喜欢制造各种零件、修理自行车。					
61	积极地参加物理小组。					
62	很想参加数学小组。					
63	设法在家里做些化学实验。					
64	积极报名参加生物小组。					
65	很想在猴子、狗等动物身上做些医学实验。					
66	很想参观天文台和天文馆。					
67	善于查阅字典、辞典和文学资料索引。					
68	善于迅速把注意力从一件事转移到另一件事上去，并把每件事的原委弄得清清楚楚。					
69	特别喜爱历史题材的电影和电视。					
70	喜欢野外地理考察活动。					
71	喜欢舞蹈、雕塑等造型艺术，也希望能演奏乐曲。					

序号	项目	讨厌 （－2）	比较不喜欢 （－1）	无所谓 （0）	比较喜欢 （1）	非常喜欢 （2）
72	愿意协助公安部门办理案件。					
73	能说出常见农作物的生长期和护理常识。					
74	向往当海员和列车员。					
75	崇拜建筑设计师的工作。					
76	乐于在亲朋好友外出购买东西时提供良好的顾问。					
77	对少先队辅导员工作感兴趣。					
78	对生产手表、缝纫机和电视机的工人以及纺织工作十分羡慕。					
79	设计和安装收音机、扬声器、无线电仪器是我爱好的活动。					
80	愿意参加集体劳动。					
81	经常参加物理竞赛。					
82	宁愿先解出这道数学难题再去就餐。					
83	化学题越难越有趣。					
84	做些动物小实验。					
85	对人体各器官的功能和发病原理很感兴趣。					
86	对国外发射的人造天体发送回来的信息很感兴趣。					
87	喜欢大量收集词汇，校正别人读音的错误。					
88	常给学校黑板报、单位小报写稿，乐于为他们提供可行性建议。					
89	游览古迹时，常仔细研究那些遗留的碑刻、诗词和石雕。					
90	能准确说明地球的经纬度对时差的影响。					
91	常常研究艺术理论，查看这方面的书籍。					
92	想象自己作为律师时的能言善辩和法律的威严。					

序号	项目	讨厌 （−2）	比较不喜欢 （−1）	无所谓 （0）	比较喜欢 （1）	非常喜欢 （2）
93	想学开拖拉机，操纵农业机械。					
94	长途汽车司机的生活一定充满欢乐。					
95	能熟练地阅读技术图纸和图表。					
96	愿意并善于同各种性格的人交往。					
97	喜欢同小孩子一起，愿意教他们知识，以自己的生活意识引导他们。					
98	对轻工业品展览会很感兴趣。					
99	会使用精密的电子仪器进行测量和计算。					
100	乐于学习新的机器设备操作方法。					

根据表1统计自己的各科得分。

表2

学科	各项得分					科目得分
物理	1	21	41	61	81	我的科目得分
数学	2	22	42	62	82	我的科目得分
化学	3	23	43	63	83	我的科目得分
生物学	4	24	44	64	84	我的科目得分
医学	5	25	45	65	85	我的科目得分
天文学	6	26	46	66	86	我的科目得分
文学	7	27	47	67	87	我的科目得分

学科	各项得分					科目得分
新闻	8	28	48	68	88	我的科目得分
历史	9	29	49	69	89	我的科目得分
地理	10	30	50	70	90	我的科目得分
艺术	11	31	51	71	91	我的科目得分
法律	12	32	52	72	92	我的科目得分
农业	13	33	53	73	93	我的科目得分
交通运输	14	34	54	74	94	我的科目得分
建筑	15	35	55	75	95	我的科目得分
服务行业	16	36	56	76	96	我的科目得分
教育	17	37	57	77	97	我的科目得分
轻工业	18	38	58	78	98	我的科目得分
电子技术	19	39	59	79	99	我的科目得分
产业工人	20	40	60	80	100	我的科目得分

第十节　升学路径

　　随着新高考改革多轮推进,更多的招生模式出现,强基计划、省属院校综合评价招生等,这也让更多的学生和家长意识到高中升学不止凭裸分这一条路! 那么究竟有多少条路呢? 今天给大家梳理一下!

案例

　　王金战,他被称为"中国中学最牛的班主任"。2003 年,他带的一个班级,49 人参加高考,37 人考上北大清华,10 人进了英国剑桥大学、英国牛津大学、美国耶鲁大学等国外名校,剩下两人去了人大和复旦。他最值得人钦佩的是,他还是一个成功爸爸,他把自己中考落榜的女儿送进了北大。为了让女儿进北大,他为女儿设计了一条以文艺特长生考名校的道路,同时,他进行了调研和咨询,他发现艺术类考生中中阮是冷门专业,报的人是最少的,录取比例是最大的。所以,女儿在高一时王金战就根据当时的高考政策,给她选了中阮这门乐器。两年半以后,女儿所填报的清华、北大和人大的文艺特长生中阮专业共 12 人参考,而钢琴等专业分别是数百人参考。结果,女儿顺利地被北大、清华和人大同时签约,享受降分 60 的待遇,最后被北大录取。

参加普通高考,按分录取,也就是我们平常所说的高考,是由教育部考试中心命题或相关省市自主命题,也是我国普通高校招生的主要选拔方式。随着高考改革的推进,更多的招生模式出现,强基计划、省属院校综合评价招生等,这也让更多的学生和家长意识到高中升学不止凭裸分这一条路!那么究竟有多少条路呢?下面给大家梳理一下。

一、升学路径

1. 强基计划

适合学生: 强基计划指导思想和原则是为国家重大战略领域输送后备人才。主要选拔培养有志于服务国家重大战略需求且综合素质优秀或基础学科拔尖的学生。

招生专业: 由有关高校结合自身办学特色,重点在数学、物理、化学、生物及历史、哲学、古文字学等相关专业招生,聚焦高端芯片与软件、智能科技、新材料、先进制造和国家安全等关键领域以及国家人才紧缺的人文社会科学领域。

试点学校: 起步阶段,在 36 所双一流建设 A 类高校范围内遴选高校开展试点,并向教育部提交相关专业的招生和人才培养一体化方案。

录取方式: 探索建立基于统一高考的多维度考核评价招生模式。

一是按综合成绩(其中高考成绩所占比例不得低于 85%)和考生志愿,由高到低顺序录取。

二是对极少数在相关学科领域具有突出才能和表现的考生,可破格入围。

培养模式: 高校对通过强基计划录取的学生单独制定培养方案,采取导师制、小班化等培养模式。畅通成长发展通道,对学业优秀的学生,高校可在免试推荐研究生、直博、公派留学、奖学金等方面予以优先安排。

2. 综合评价招生

名词解释: 顾名思义综合评价招生,是要看考生的综合素质的,其中招生专业和学校的普通专业也都一样,只不过招生方式不一样,是除了高考成绩之外,还要看学生是不是符合学校的培养要求,例如北京外国语大学对外语的要求高,中国科学院大学对物理的要求高等。

招生高校:针对全国大部分省份招生的学校有上海纽约大学、昆山杜克大学、上海科技大学、南方科技大学、北京外国语大学、中国科学院大学、深圳北理莫斯科大学七所。除此之外,很多省份的省属高校和在本省的部属高校对本省也会展开综合评价招生的模式,例如:山东省的山东大学、中国海洋大学、中国石油大学(华东)、山东师范大学、山东财经大学等。

录取方式:采用高考成绩、学校考核成绩、学业水平考试成绩综合计算择优录取,一校一策,每个学校的比例会有所差别,整体高考成绩占比更低,从 85％—50％ 不等。例如:昆山杜克大学 2022 年采用"541"模式,综合成绩 = 高考总成绩×50％ ＋学校考核成绩×40％ ＋学业水平成绩×10％。

3. 三项招飞

适合学生:身体素质好,有强烈的飞行员梦想,成绩优秀(军校招飞要一本线以上)。

招飞类型:海军招飞、空军招飞和民航招飞。

报名时间:每年 9—10 月份。

4. 艺术类

适合学生:有艺术特长,想学习艺术类专业的学生,文化课成绩相对要求较低。

招生类别:艺术学理论类、音乐与舞蹈学类、戏剧与影视学类、美术学类、设计学类。

艺术类专业考试:艺术类专业考试分为省级统考和校考。省级统考已涵盖的专业,高校一般应直接使用统考成绩作为考生的专业考试成绩。确有必要进行补充考核的艺术类本科专业,高校应面向省级统考合格生源组织校考,并须将考试工作方案报学校所在地省级教育行政部门审定。省级统考未涵盖的艺术类专业,高校可组织校考。

5. 高水平艺术团

适合学生:主要招收艺术团首席表演者或对幼功要求高的相关专业项目的艺术团成员。

招生专业:高校的非艺术类专业,具体由各高校自行拟定招生专业。

6. 体育类

适合学生:具有体育特长,具备招生项目所需的二级运动员(含)以上运动技术等级称号,想学体育类专业的学生。

录取综合计算方式:在达到院校最低录取控制线的基础上,各招生院校根据考生的文化成绩(折合百分制后)和体育专项成绩 3∶7 的比例进行综合评价,计算考生录取综合分。

具体公式:综合分 ＝(文化成绩/6)30％ ＋体育专项成绩 70％。

7. 高水平运动队

适合学生:报考高水平运动队的考生竞技水平要达到比较高的程度(2021 年奥运会首金获得者杨倩就是通过高水平运动队进的清华大学)。

招生专业:高校的非艺术类专业,具体由各高校自行拟定招生专业。

8. 公费师范生

适合学生：有明确的教育梦想，成绩优秀的学生。

招生学校：北京师范大学、华东师范大学、陕西师范大学、东北师范大学、西南大学、华中师范大学六所教育部直属的师范类院校。

招生专业：高校的非艺术类专业，具体由各高校自行拟定招生专业。

9. 定向培养生

适合学生：有明确教师或者医生职业倾向，户籍地有招生计划。

培养类型：医学定向、师范定向。

10. 专项计划

适合学生：面向贫困地区定向招生专项计划，旨在帮助成绩优良的农村学生更畅通地考上"好大学"。

招生类型：高校专项、国家专项、地方专项。

11. 中外合作办学

适合学生：在国内享受国外优质教育资源，英语要求高，家庭经济条件要求高，有出国留学打算的学生。

招生类型：中外合作办学的院校（西交利物浦大学、宁波诺丁汉大学等）、中外合作办学的机构（北京工业大学都柏林国际学院）、中外合作办学的项目（专业）（北京理工大学与英国瑞丁大学合作举办会计学专业本科教育项目）。

12. 港澳招生

适合学生：英语要求高，家庭经济条件要求高，有出国留学打算的学生。

招生方式：目前，在内地招生的 21 所港澳高校有两种招生方式：一种是香港中文大学和香港城市大学 2 所高校采用的统招方式。另一种是香港大学等 13 所香港高校和澳门大学等 6 所澳门高校采用的独立招生方式。

13. 公安类学校

适合学生：对公安政法有明确职业倾向，男生成绩要求较低，女生成绩要求较高。

14. 军校

适合学生：有强烈从军梦想或军人世家的学生。

15. 航海院校招生

适合学生：有明确航海职业倾向，能吃苦，女生不宜。

16. 保送生

适合学生：中学生学科奥林匹克竞赛国家集训队成员、部分外国语中学推荐优秀学生、公安英烈子女、退役运动员等人员。

17. 少年班

适合学生：针对早慧少年的一种特殊教育模式，智力超群、天才少年。

18. 少数民族预科

适合学生：重点招收边远农村、高寒地区、山区、牧区的考生，并适量招收散杂居地区的少数民族考生。

19. 边防子女预科班

适合考生：符合普通高校招生条件，在驻国家边疆国境的县（市）、沙漠区、国家确定的三类以上艰苦边远地区或解放军总部划定的二类以上岛屿工作累计满 20 年的军人的子女；在国家确定的四类以上艰苦边远地区或解放军总部划定的特类岛屿工作累计满 10 年的军人的子女；在飞或停飞不满 1 年以及达到飞行最高年限的空勤军人的子女；从事舰艇工作满 20 年的军人的子女；在航天和涉核岗位工作累计满 15 年的军人的子女。

20. 春季高考

适合考生：主要是三校生（职业高中、中专、技校），普通高中毕业生也可以参加春季高考。考取重点本科困难，成绩达到一般本科高职院校的考生可考虑。

21. 高职单招

适合考生：考取本科困难，成绩达到高职院校的考生。

22. 定向培养直招士官

适合考生：成绩只能达到专科，但又想读军校的考生。同等条件下，中共党员、军人子女、烈士子女、优秀学生干部优先录取。

23. 出国留学

适合考生：有意去国外就读大学，常见的有去英美、澳大利亚、日韩和俄罗斯。

（以上素材部分参考 e 高招网站）

二、 自我诊断

结合以下要素，梳理自身实际，你的升学最佳路径是（可以不止一条）。

为自己的青春做主

自我诊断表

个人要素

1. 你的户籍。

2. 双眼最低裸眼视力、是否口吃。

3. 父母的职业、父母的最高学历、家庭年收入。

4. 你目前的成绩排名比例、预计自己未来分数可以达到的层次。

5. 是否具备声乐、器乐、舞蹈、美术、编导、播音主持、表演、戏剧等方面的艺术特长。

6. 英语成绩。

7. 是否为英烈子女。

8. 是否为退役运动员。

9. 是否为中学生学科奥林匹克竞赛国家集训队成员。

10. 是否已经获得国家二级运动员（含）以上证书或称号。

11. 是否在高中为省级（含）以上比赛中获得集体项目前六名的主力队员或个人项目前三名。

12. 是否在高中阶段获得国家一级运动员（含）以上证书，或为在全国（或国际）集体项目比赛中获得前八名的主力队员。

13. 是否在省级以上学术类刊物发表文学作品、学术论文或正式出版专著。

14. 是否获得过全国中学生五项学科奥林匹克竞赛奖项。

15. 是否获得过全国语文类竞赛的奖项（如创新作文大赛、北大培文杯创意写作大赛、"叶圣陶杯"中学生作文大赛等）。

16. 是否获得过全国英语类竞赛的奖项（如"外研社杯"外语素养大赛、"21 世纪杯"英语演讲比赛）。

17. 是否获得过全国自然科学素养类的奖项（如中国青少年机器人竞赛、全国青少年创意编程与智能设计大赛、全国中小学信息技术创新与实践大赛等）。

18. 是否已经获得其他省级奖项（学科、艺术、体育、摄影、创意等各方面）。

19. 是否有托福、雅思考试成绩。

20. 是否已经明确自己的目标大学。

21. 是否已经明确自己的目标专业（即你以后希望学习的专业）。

22. 是否已经明确以后去哪个城市上大学。

23. 是否有意愿将来在香港或澳门上大学。

24. 是否有意愿将来在国外留学或就业。

25. 是否愿意回到学籍所在地的省份从事中小学教育工作。

26. 是否有意愿成为一名警察、且愿意回到学籍所在地从事基层警察工作。

27. 是否想成为一名医生，且愿意在毕业后到基层医疗卫生机构服务。

28. 是否有意愿就读以下专业：临床医学、中医学、蒙医学、藏医学、傣医学等专业。

29. 是否有意愿就读以下专业：航海技术、轮机工程和船舶电子电气工程。

30. 是否有意愿就读体育类专业（如：运动训练、武术与民族传统体育、体育教育、社会体育指导与管理、休闲体育等专业）。

31. 是否有意愿就读艺术类专业（如：设计学类、美术学类、戏剧与影视学类、音乐与舞蹈学类、艺术学理论类等下设专业）。

我的思考

除了最佳路径，你有可能的升学路径是（可以不止一条）：

1. _____

2. _____

第十一节 志愿填报

"人怕入错行"这句老话放在任何时候说都不过时。人生有限,能专心致志学习的时间也有限。所以,在专业选择上走的弯路越少,后期的发展越顺利。

案例

案例一:2019 年安徽理科考生 509 分进入南方医科大学。

南方医科大学是我国实力最强的三所非 211 医科大学之一,位列全国医学院校第 14 名,并超过了吉林大学医学部、武汉大学医学部。2018 年,南方医科大学在安徽的理科一本投档线高达 618 分,甚至超过了武汉理工大学、上海大学等 211 高校。2019 年,南方医科大学在安徽的理科一本投档线只有 509 分,而皖南医学院、蚌埠医学院、安徽医科大学 2019 年在安徽的理科一本投档线分别为 513 分、526 分、541 分。

案例二:2020 年安徽理科考生 631 分报考安徽公安职业学院。

安徽阜阳刘同学今年高考,理科 631 分,超过理科一本线 116 分,是 2020 年安徽公安职业学院理科录取最高分。安徽公安职业学院是一所三年制大专院校。作为 985 高校的兰州大学 2020 年在安徽招生最低录取分数线 631 分。阜阳刘同学完全可以上兰州大学,最终却被一所大专院校录取。

一、 新高考志愿填报模式

新高考改革后,不再分文理科,怎么录取?

1. 两依据一参考:依据国家统一高考和高中学业水平考试成绩,参考综合素质评价;

2. 分列计划、分开划线:从 2024 年起,按照物理科目类、历史科目类,分列计划、分开划线;

3. 批次设置:志愿填报及投档录取均不分批次,按照考生总成绩分时分段进行;

4. 投档方式:考生志愿按院校 + 专业组(专业),以平行志愿方式投档。

"院校专业组"这种模式和以往有了较大变化,到底什么是"院校专业组"呢? 考生填报时又该注意哪些问题呢?

1. 考生根据分数(排位)结合往年录取情况,初步确定可报考院校范围;

2. 根据院校专业提出的选科科目要求,确定自己可以报考的院校专业组;

3. 不同院校对同一专业所要求的选考科目,可能要求不同;

4. 要了解所选专业志愿组是否包含了你最想学的专业,是否有你最不想学的专业,一旦涉及调剂,你是否能够接受。

(一) 名词解释

"院校专业组"

指的是某一高校对考生选考科目要求相同的专业的组合。一所院校可设置一个或多个院校专业组,每个院校专业组内可包含数量不等的专业。同一院校专业组内各专业对考生的选考科目要求相同。同一高校选考科目要求相同的专业也可分设在不同的院校专业组中,选考科目要求不同的专业须分别设置院校专业组。

同一高校的不同"院校专业组"之间互无关联,符合填报资格的考生可以填报某所高校的一个"院校专业组",也可以填报同一所高校的多个不同的"院校专业组";既可以连续填报同一所高校的不同"院校专业组",也可以间隔填报同一所高校的不同"院校专业组"。

(二) 示例

A 高校历史科目组合下设了 3 个专业组

001 号专业组

要求	对再选科目没有要求
包含专业	行政管理、新闻学、英语、金融学近 40 个专业

002 号专业组

要求	再选科目在化学、地理科目中,任选一门即可报考
包含专业	地理科学、地理信息科学、专业人文地理与城乡规划 3 个专业

003 号专业组

要求	再选科目中必须有一门选择政治科目方能报考
包含专业	思想政治教育、政治学与行政学 2 个专业

A 高校物理科目组合下设了 5 个专业组

001 号专业组

要求	对再选科目没有要求
包含专业	包含的专业与历史科目组合 001 号专业组大部分重合,还包括了软件工程、机械设计制造及自动化、通信工程数学与应用数学等专业

002 号专业组

要求	再选科目必须有一门选择化学科目方能报考
包含专业	化学、医学检验技术、制药工程等专业

003 号专业组

要求	再选科目在化学、生物科目中,任选一门即可报考
包含专业	临床医药、生物科学、药学、预防医学等专业

004 号专业组

要求	再选科目在化学、地理科目中,任选一门即可报考
包含专业	地理科学、地理信息科学、专业人文地理与城乡规划 3 个专业

005 号专业组

要求	再选科目中必须有一门选择政治科目方能报考
包含专业	思想政治教育、政治学与行政学 2 个专业

(三) 优势

高考招生作为高校选才的主要方式和通道,既要保障高校招生自主权,也要满足不同专业或学科的个性化选才要求。"院校专业组"的设计,满足了高校提出的对专业报考所设定的科目要求,也关注了学生类别划分的科目组特性,把科目作为招生专业分类的基本依据。同时,"院校专业组"不是严格的学科或学科大类的划分,这也为高校设计有自身特点的本科人才培养项目(如实验班模式、通识教育、大类培养等)留有充分的空间。实行"院校专业组"的志愿填报方式,有利于维护学校招生自主权,还可以保证考生的选择权,又尽可能避免考生因身体等原因受限于某专业而被退档问题的发生。

(四) 瞄准 985、211 及"双一流"

首批"985 工程"建设高校共 9 所,即北京大学、清华大学、中国科学技术大学、复旦大学、上海交通大学、西安交通大学、南京大学、浙江大学、哈尔滨工业大学,获批建设的"985 工程"高校总计 39 所。211 工程大学共计 116 所,2019 年 11 月 28 日,教育部官网发布声明:已将"211 工程"和"985 工程"等重点建设项目统筹为"双一流"建设。

双一流大学建设包含建设世界一流大学和世界一流学科,世界一流大学建设高校重在大学一流学科基础上的学校整体建设、重点建设,全面提升人才培养水平和创新能力;世界一流学科建设高校重在大学优势学科建设,促进特色发展。根据教育部公布的名单(2017 年)可知,全国首批双一流大学共计 137 所,其中世界一流大学建设高校 42 所,其中 A 类 36 所,且这 36 所高校全是 985 大学,北京市最多,有清华大学、北京大学等 8 所;B 类 6 所,其中东北大学、湖南大学、西北农林科技大学为 985 大学,另外的郑州大学、云南大学、新疆大学为 211 大学。世界一流学科建设高校 95 所,当然前面 42 所世界一流大学也都是有双一流学科建设的。尤其值得注意的是非 985、211 院校却入围了"双一流"的 25 所大学(截至 2017 年),必要时可以作为重点参考。当然,"双一流"学校名单是变动的,在填报志愿时,需要关注相关学校的官方信息。

(五) 了解高校招生培养政策

各高校专业招生培养有所不同。除了按专业招生,有的高校结合自身发展特点、各专业方向之间的关联情况,按大类招生、培养人才,让学生在后续学习的过程中逐步确定适合自己的具体专业。如北航实施大类招生、大类培养政策,将 73 个专业方向,整合成为航空航天类、信息类、理科类和人文社科类四个大类招生专业。通过大类招生录取的学生入学后在规定时间内专业分流。

考生在报考时,要全面了解各高校各专业的办学实力与培养方向,如专业的学术水平、师资力量、就业前景以及往年招生情况等综合实力。认真分析比较各高校往年各专业的录取最低分和排名,根据自身能力、高考成绩综合考虑。

(六) 从自身条件出发,规避专业招生的特殊要求

进行专业的选择时,要提前对照《普通高等学校招生体检工作指导意见》和高校招生章程或简章中一些专业对身体条件、报考语种和单科成绩要求等的特殊要求。如色盲考生不能报考应用物理学、天文学、地理科学、应用气象学等专业;色弱考生不能报考农学、园艺、植物保护、茶学、林学等专业;英语专业只招收英语语种考生等。

(七) 基于学科特长和兴趣爱好综合考量

大学的专业课程与高中课程有着千丝万缕的关系,可以根据高中时期擅长的科目选择对应的专业。经过高中三年的学习,大部分同学基本能根据自身学科优势确定适合自己的专业方向。比如擅长数学,又希望从事金融领域相关工作的同学,就可以选择金融类专业;外语学习很吃力,却想从事外交工作的同学,就要慎重考虑自己的学科基础是否有利于今后的职业发展。

新高考的实施,给学生带来了更多专业选择。学会发现自己的优势,并努力发展优势尤为重要。扬长避短,规划自我,才能走得更远。在专业选择上,建议考生综合考虑个人性格特征、学习兴趣等因素。

如果你对个人职业志向非常清楚且坚定,那么在做选择时就相对简单,可以选择与自己职业规划相关或者相匹配的专业。如果还没有明确自己的兴趣点,自我探索和认知还不够的,可以通过学信网的学职平台进行职业生涯测试,还有收听收看各种专业介绍等,了解专业性质。或者,可以选择大学里的一些基础专业或专业大类,便于进大学后进行第二次选择。

(八) 关注高考赋分制度和专业限报

新高考赋分模式犹如王者排位赛,不光要看自己的实力,还要看对手和队友的实力,赋分是一门学问,考生不能闭门造车,需要观察跟自己对抗的对手是谁。在填报志愿时,选择物理,至少理工科专业不出意外,都能够报考。如果再加上化学和生物的话,虽然现在没出报考专业情况,但基本上至少95%以上的专业是可以报考的,除了哲学、历史等纯文科类专业外,理工科、经济、管理、医学、艺术等,应该都没有问题。虽然史化生组合可选择的专业也不少,但仔细了解后会发现,专业往往是所谓的冷门专业,就业面较窄,前景不明朗。

(以上部分信息参考教育部阳光高考信息平台)

二、 自我诊断

考生要明白,在填报志愿时,首先应该看自己的选考科目是否符合对应的专业要求。下面提供一个案例,同学们可以阅读后模拟志愿填报。

案例:我来模拟

考生小新	
首选科目	物理
再选科目	生物和化学
报考志愿	新闻学专业和生物科学专业
填报专业组	物理科目组合

考生小高	
首选科目	历史
再选科目	政治和地理
报考志愿	政治学和地理科
填报专业组	历史科目组合

说明:根据规定,小新和小高一共可以填若干个院校专业组志愿;每个院校专业组志愿下可以填6个专业志愿和1个"专业服从"志愿。特别强调的是,专业调剂时,只能在同一个院校专业组的招生专业范围内进行专业调剂。

我们提供附件1,模拟普通高校招生考生志愿草表,可供填报练习。提供附件2,相关院校及专业一览。关于高校"双一流"建设的具体信息,同学们可留意教育部的网站,为自己的未来做好规划!

附件 1

（模拟表格，具体需参考各省志愿填报表格）

模拟普通高校招生考生志愿草表①
【填报普通类本科批次志愿】

姓名_____　考生号_____　_____市_____县（市、区）

院校专业组代号	院校专业组名称	专业代号	专业名称	是否服从其他专业
1		1		
		2		
		3		
		4		
		5		
		6		
2		1		
		2		
		3		
		4		
		5		
		6		
3		1		
		2		
		3		
		4		
		5		
		6		
4		1		
		2		
		3		
		4		
		5		
		6		

① 本表为模拟表格，仅给出 10 组填报方案，供学生自我练习用，与实际志愿表格并不一致。——编者按

院校专业组代号	院校专业组名称	专业代号	专业名称	是否服从其他专业
5		1		
		2		
		3		
		4		
		5		
		6		
6		1		
		2		
		3		
		4		
		5		
		6		
7		1		
		2		
		3		
		4		
		5		
		6		
8		1		
		2		
		3		
		4		
		5		
		6		
9		1		
		2		
		3		
		4		
		5		
		6		

续　表

院校专业组代号	院校专业组名称	专业代号	专业名称	是否服从其他专业
10		1		
		2		
		3		
		4		
		5		
		6		

附件 2

42 所世界一流大学建设高校名单院校一览①

A 类 36 所	所在地
北京大学	北京 8 所
中国人民大学	
清华大学	
北京航空航天大学	
北京理工大学	
中国农业大学	
北京师范大学	
中央民族大学	
南开大学	天津 2 所
天津大学	
大连理工大学	辽宁
吉林大学	吉林
哈尔滨工业大学	黑龙江
复旦大学	上海 4 所
同济大学	
上海交通大学	
华东师范大学	

① 表格仅供参考,具体信息可适时查询相关网站。

A类36所	所在地
南京大学	江苏2所
东南大学	
浙江大学	浙江
中国科学技术大学	安徽
厦门大学	福建
山东大学	山东2所
中国海洋大学	
武汉大学	湖北2所
华中科技大学	
中南大学	湖南
中山大学	广东2所
华南理工大学	
四川大学	四川2所
电子科技大学	
重庆大学	重庆
西安交通大学	陕西2所
西北工业大学	
兰州大学	甘肃
国防科技大学	湖南
B类6所	所在地
东北大学	辽宁
郑州大学	河南
湖南大学	湖南
云南大学	云南
西北农林科技大学	陕西
新疆大学	新疆

95 所一流学科建设高校名单

学 校 名 称	所在地
北京交通大学	北京
北京工业大学	北京
北京科技大学	北京
北京化工大学	北京
北京邮电大学	北京
北京林业大学	北京
北京协和医学院	北京
北京中医药大学	北京
首都师范大学	北京
北京外国语大学	北京
中国传媒大学	北京
中央财经大学	北京
对外经济贸易大学	北京
外交学院	北京
中国人民公安大学	北京
北京体育大学	北京
中央音乐学院	北京
中国音乐学院	北京
中央美术学院	北京
中央戏剧学院	北京
中国政法大学	北京
中国科学院大学	北京
福州大学	福建
暨南大学	广东
广州中医药大学	广东
华南师范大学	广东
广西大学	广西
贵州大学	贵州
海南大学	海南

学 校 名 称	所在地
河南大学	河南
哈尔滨工程大学	黑龙江
东北农业大学	黑龙江
东北林业大学	黑龙江
中国地质大学	湖北
武汉理工大学	湖北
华中农业大学	湖北
华中师范大学	湖北
中南财经政法大学	湖北
湖南师范大学	湖南
延边大学	吉林
东北师范大学	吉林
苏州大学	江苏
南京航空航天大学	江苏
南京理工大学	江苏
中国矿业大学	江苏
南京邮电大学	江苏
河海大学	江苏
江南大学	江苏
南京林业大学	江苏
南京信息工程大学	江苏
南京农业大学	江苏
南京中医药大学	江苏
中国药科大学	江苏
南京师范大学	江苏
南昌大学	江西
辽宁大学	辽宁
大连海事大学	辽宁
内蒙古大学	内蒙古
宁夏大学	宁夏

学 校 名 称	所在地
青海大学	青海
中国石油大学	山东
太原理工大学	山西
西北大学	陕西
西安电子科技大学	陕西
长安大学	陕西
陕西师范大学	陕西
第四军医大学	陕西
华东理工大学	上海
东华大学	上海
上海海洋大学	上海
上海中医药大学	上海
上海外国语大学	上海
上海财经大学	上海
上海体育学院	上海
上海音乐学院	上海
上海大学	上海
第二军医大学	上海
西南交通大学	四川
西南石油大学	四川
成都理工大学	四川
四川农业大学	四川
成都中医药大学	四川
西南财经大学	四川
天津工业大学	天津
天津医科大学	天津
天津中医药大学	天津
河北工业大学	天津
华北电力大学	河北
西藏大学	西藏

学 校 名 称	所在地
石河子大学	新疆
中国美术学院	浙江
宁波大学	浙江
西南大学	重庆
安徽大学	安徽
合肥工业大学	安徽

137 所大学双一流学科建设名单

序号	学校名称	双一流学科建设名单
1	北京大学	哲学、理论经济学、应用经济学、法学、政治学、社会学、马克思主义理论、心理学、中国语言文学、外国语言文学、考古学、中国史、世界史、数学、物理学、化学、地理学、地球物理学、地质学、生物学、生态学、统计学、力学、材料科学与工程、电子科学与技术、控制科学与工程、计算机科学与技术、环境科学与工程、软件工程、基础医学、临床医学、口腔医学、公共卫生与预防医学、药学、护理学、艺术学理论、现代语言学、语言学、机械及航空航天和制造工程、商业与管理、社会政策与管理
2	中国人民大学	哲学、理论经济学、应用经济学、法学、政治学、社会学、马克思主义理论、新闻传播学、中国史、统计学、工商管理、农林经济管理、公共管理、图书情报与档案管理
3	清华大学	法学、政治学、马克思主义理论、数学、物理学、化学、生物学、力学、机械工程、仪器科学与技术、材料科学与工程、动力工程及工程热物理、电气工程、信息与通信工程、控制科学与工程、计算机科学与技术、建筑学、土木工程、水利工程、化学工程与技术、核科学与技术、环境科学与工程、生物医学工程、城乡规划学、风景园林学、软件工程、管理科学与工程、工商管理、公共管理、设计学、会计与金融、经济学和计量经济学、统计学与运筹学、现代语言学
4	北京交通大学	系统科学
5	北京工业大学	土木工程（自定）
6	北京航空航天大学	力学、仪器科学与技术、材料科学与工程、控制科学与工程、计算机科学与技术、航空宇航科学与技术、软件工程
7	北京理工大学	材料科学与工程、控制科学与工程、兵器科学与技术
8	北京科技大学	科学技术史、材料科学与工程、冶金工程、矿业工程
9	北京化工大学	化学工程与技术（自定）
10	北京邮电大学	信息与通信工程、计算机科学与技术

序号	学校名称	双一流学科建设名单
11	中国农业大学	生物学、农业工程、食品科学与工程、作物学、农业资源与环境、植物保护、畜牧学、兽医学、草学
12	北京林业大学	风景园林学、林学
13	北京协和医学院	生物学、生物医学工程、临床医学、药学
14	北京中医药大学	中医学、中西医结合、中药学
15	北京师范大学	教育学、心理学、中国语言文学、中国史、数学、地理学、系统科学、生态学、环境科学与工程、戏剧与影视学、语言学
16	首都师范大学	数学
17	北京外国语大学	外国语言文学
18	中国传媒大学	新闻传播学、戏剧与影视学
19	中央财经大学	应用经济学
20	对外经济贸易大学	应用经济学（自定）
21	外交学院	政治学（自定）
22	中国人民公安大学	公安学（自定）
23	北京体育大学	体育学
24	中央音乐学院	音乐与舞蹈学
25	中国音乐学院	音乐与舞蹈学（自定）
26	中央美术学院	美术学、设计学
27	中央戏剧学院	戏剧与影视学
28	中央民族大学	民族学
29	中国政法大学	法学
30	南开大学	世界史、数学、化学、统计学、材料科学与工程
31	天津大学	化学、材料科学与工程、化学工程与技术、管理科学与工程
32	天津工业大学	纺织科学与工程
33	天津医科大学	临床医学（自定）
34	天津中医药大学	中药学
35	华北电力大学	电气工程（自定）
36	河北工业大学	电气工程（自定）
37	太原理工大学	化学工程与技术（自定）
38	内蒙古大学	生物学（自定）

序号	学校名称	双一流学科建设名单
39	辽宁大学	应用经济学（自定）
40	大连理工大学	化学、工程
41	东北大学	控制科学与工程
42	大连海事大学	交通运输工程（自定）
43	吉林大学	考古学、数学、物理学、化学、材料科学与工程
44	延边大学	外国语言文学（自定）
45	东北师范大学	马克思主义理论、世界史、数学、化学、统计学、材料科学与工程
46	哈尔滨工业大学	力学、机械工程、材料科学与工程、控制科学与工程、计算机科学与技术、土木工程、环境科学与工程
47	哈尔滨工程大学	船舶与海洋工程
48	东北农业大学	畜牧学（自定）
49	东北林业大学	林业工程、林学
50	复旦大学	哲学、政治学、中国语言文学、中国史、数学、物理学、化学、生物学、生态学、材料科学与工程、环境科学与工程、基础医学、临床医学、中西医结合、药学、机械及航空航天和制造工程、现代语言学
51	同济大学	建筑学、土木工程、测绘科学与技术、环境科学与工程、城乡规划学、风景园林学、艺术与设计
52	上海交通大学	数学、化学、生物学、机械工程、材料科学与工程、信息与通信工程、控制科学与工程、计算机科学与技术、土木工程、化学工程与技术、船舶与海洋工程、基础医学、临床医学、口腔医学、药学、电子电气工程、商业与管理
53	华东理工大学	化学、材料科学与工程、化学工程与技术
54	东华大学	纺织科学与工程
55	上海海洋大学	水产
56	上海中医药大学	中医学、中药学
57	华东师范大学	教育学、生态学、统计学
58	上海外国语大学	外国语言文学
59	上海财经大学	统计学
60	上海体育学院	体育学
61	上海音乐学院	音乐与舞蹈学
62	上海大学	机械工程（自定）

序号	学校名称	双一流学科建设名单
63	南京大学	哲学、中国语言文学、外国语言文学、物理学、化学、天文学、大气科学、地质学、生物学、材料科学与工程、计算机科学与技术、化学工程与技术、矿业工程、环境科学与工程、图书情报与档案管理
64	苏州大学	材料科学与工程（自定）
65	东南大学	材料科学与工程、电子科学与技术、信息与通信工程、控制科学与工程、计算机科学与技术、建筑学、土木工程、交通运输工程、生物医学工程、风景园林学、艺术学理论
66	南京航空航天大学	力学
67	南京理工大学	兵器科学与技术
68	中国矿业大学（江苏）	安全科学与工程、矿业工程
69	南京邮电大学	电子科学与技术
70	河海大学	水利工程、环境科学与工程
71	江南大学	轻工技术与工程、食品科学与工程
72	南京林业大学	林业工程
73	南京信息工程大学	大气科学
74	南京农业大学	作物学、农业资源与环境
75	南京中医药大学	中药学
76	中国药科大学	中药学
77	南京师范大学	地理学
78	浙江大学	化学、生物学、生态学、机械工程、光学工程、材料科学与工程、电气工程、控制科学与工程、计算机科学与技术、农业工程、环境科学与工程、软件工程、园艺学、植物保护、基础医学、药学、管理科学与工程、农林经济管理
79	中国美术学院	美术学
80	安徽大学	材料科学与工程（自定）
81	中国科学技术大学	数学、物理学、化学、天文学、地球物理学、生物学、科学技术史、材料科学与工程、计算机科学与技术、核科学与技术、安全科学与工程
82	合肥工业大学	管理科学与工程（自定）
83	厦门大学	化学、海洋科学、生物学、生态学、统计学
84	福州大学	化学（自定）
85	南昌大学	材料科学与工程
86	山东大学	数学、化学

序号	学校名称	双一流学科建设名单
87	中国海洋大学	海洋科学、水产
88	中国石油大学(华东)	石油与天然气工程、地质资源与地质工程
89	郑州大学	临床医学(自定)、材料科学与工程(自定)、化学(自定)
90	河南大学	生物学
91	武汉大学	理论经济学、法学、马克思主义理论、化学、地球物理学、生物学、测绘科学与技术、矿业工程、口腔医学、图书情报与档案管理
92	华中科技大学	机械工程、光学工程、材料科学与工程、动力工程及工程热物理、电气工程、计算机科学与技术、基础医学、公共卫生与预防医学
93	中国地质大学(武汉)	地质学、地质资源与地质工程
94	武汉理工大学	材料科学与工程
95	华中农业大学	生物学、园艺学、畜牧学、兽医学、农林经济管理
96	华中师范大学	政治学、中国语言文学
97	中南财经政法大学	法学(自定)
98	湖南大学	化学、机械工程
99	中南大学	数学、材料科学与工程、冶金工程、矿业工程
100	湖南师范大学	外国语言文学(自定)
101	中山大学	哲学、数学、化学、生物学、生态学、材料科学与工程、电子科学与技术、基础医学、临床医学、药学、工商管理
102	暨南大学	药学(自定)
103	华南理工大学	化学、材料科学与工程、轻工技术与工程、农学
104	广州中医药大学	中医学
105	华南师范大学	物理学
106	海南大学	作物学(自定)
107	广西大学	土木工程(自定)
108	四川大学	数学、化学、材料科学与工程、基础医学、口腔医学、护理学
109	重庆大学	机械工程(自定)、电气工程(自定)、土木工程(自定)
110	西南交通大学	交通运输工程
111	电子科技大学	电子科学与技术、信息与通信工程
112	西南石油大学	石油与天然气工程
113	成都理工大学	地质学

序号	学校名称	双一流学科建设名单
114	四川农业大学	作物学（自定）
115	成都中医药大学	中药学
116	西南大学	生物学
117	西南财经大学	应用经济学（自定）
118	贵州大学	植物保护（自定）
119	云南大学	民族学、生态学
120	西藏大学	生态学（自定）
121	西北大学	地质学
122	西安交通大学	力学、机械工程、材料科学与工程、动力工程及工程热物理、电气工程、信息与通信工程、管理科学与工程、工商管理
123	西北工业大学	机械工程、材料科学与工程
124	西安电子科技大学	信息与通信工程、计算机科学与技术
125	长安大学	交通运输工程（自定）
126	西北农林科技大学	农学
127	陕西师范大学	中国语言文学（自定）
128	兰州大学	化学、大气科学、生态学、草学
129	青海大学	生态学（自定）
130	宁夏大学	化学工程与技术（自定）
131	新疆大学	马克思主义理论（自定）、化学（自定）、计算机科学与技术（自定）
132	石河子大学	化学工程与技术（自定）
133	中国矿业大学（北京）	安全科学与工程、矿业工程
134	中国石油大学（北京）	石油与天然气工程、地质资源与地质工程
135	中国地质大学（北京）	地质学、地质资源与地质工程
136	宁波大学	力学
137	中国科学院大学	化学、材料科学与工程
138	国防科技大学	信息与通信工程、计算机科学与技术、航空宇航科学与技术、软件工程、管理科学与工程
139	第二军医大学	基础医学
140	第四军医大学	临床医学（自定）